陈丽雅 等 —— 著

课堂是
照亮彼此的
地方

核心素养导向的课堂教学丛书

杨四耕主编

华东师范大学出版社

·上海·

图书在版编目(CIP)数据

课堂是照亮彼此的地方/陈丽雅等著. —上海：华东师范大学出版社,2022
(核心素养导向的课堂教学丛书)
ISBN 978 - 7 - 5760 - 2621 - 4

Ⅰ.①课… Ⅱ.①陈… Ⅲ.①课堂教学－教学研究－中小学 Ⅳ.①G632.421

中国版本图书馆 CIP 数据核字(2022)第 034906 号

核心素养导向的课堂教学丛书

课堂是照亮彼此的地方

丛书主编 杨四耕
著 者 陈丽雅 等
责任编辑 刘 佳
项目编辑 林青荻
特约审读 王 奕
责任校对 张 沥 时东明
装帧设计 卢晓红

出版发行 华东师范大学出版社
社 址 上海市中山北路 3663 号 邮编 200062
网 址 www. ecnupress. com. cn
电 话 021 - 60821666 行政传真 021 - 62572105
客服电话 021 - 62865537 门市(邮购)电话 021 - 62869887
地 址 上海市中山北路 3663 号华东师范大学校内先锋路口
网 店 http://hdsdcbs. tmall. com

印 刷 者 杭州日报报业集团盛元印务有限公司
开 本 787×1092 16 开
印 张 14.5
字 数 130 千字
版 次 2022 年 7 月第 1 版
印 次 2022 年 7 月第 1 次
书 号 ISBN 978 - 7 - 5760 - 2621 - 4
定 价 46.00 元

出版人 王 焰

编委会

王　皓　李丰业　汪玲玲
金　婉　蔡媛媛　苏宣玉　陆宇玮

洞见改革

回望轰轰烈烈的课堂教学改革，我们依然可以欢呼，仍然可以雀跃，但我们更需要理性的回望和深刻的反思。

不是么？我们的课堂教学改革虽然取得了卓著的成效，但也出现了不少观念的误识和实践的误区。我们能否真正面对与合理消解这些问题，将直接影响课堂教学改革的纵深推进。

维特根斯坦指出："洞见或透识隐藏于深处的棘手问题是艰难的，因为如果只是把握这一棘手问题的表层，它就会维持原状，仍然得不到解决。因此，必须把它'连根拔起'，使它彻底地暴露出来；这就要求我们开始以一种新的方式来思考。这一变化具有着决定意义，……难以确立的正是这种新的思维方式。一旦新的思维方式得以确立，旧的问题就会消失；实际上人们很难再意识到这些旧的问题。因为这些问题是与我们的表达方式相伴随的，一旦我们用一种新的形式来表达自己的观点，旧的问题就会连同旧的语言外套一起被抛弃。"面对核心素养时代，我们的课堂教学改革有必要确立新的思维方式，并借此洞悉困扰我们的"棘手问题"。

改革不是一种风潮，而是一种使命。当下，跟风式改革仍然盛行，如深度学习、项目学习、STEAM……见样学样，不停跟风，显现出一派繁荣景象。不少所谓的教学改革只是在形式上做文章，有教条主义的嫌疑；不少课堂深陷应试泥潭，既不教人文，亦无关精神，甚至连知识也谈不上，而是"扎扎实实"地搞成了教考，把考试当作课堂教学改革的使命。教育改革的真正使命是什么？我们应秉持怎样的立场来推进课堂教学改革？ 2014 年，教育部颁布《关于

全面深化课程改革　落实立德树人根本任务的意见》。这份文件指出：立德树人是课程改革的根本任务，核心素养培育是课程改革的核心价值。这便是我们的使命。使命需要执着，执著就是美德。细细品味维特根斯坦的这句话也许会有所助益："当一切有意义的科学问题已被回答的时候，人生的诸问题仍然完全未被触及。"课堂教学改革的全部使命便是触及人生问题并给予某种实质性的回答，从而使"立德树人"落到实处。

改革不是一个口号，而是一种立场。层出不穷的口号、花样频出的概念，已然是当下学校变革的常态。不少学校把玩弄概念作为改革，把提口号当成改革，以学定教、先学后教、翻转课堂……热词涌起，名句不断。当我们把改革看成一个概念、一个口号的时候，我们已经远离了改革。改革是一种立场，一种有思考的尝试，一种为着根的事业而不断探索的精神。维特根斯坦说："一种表述只有在生活之流中才有意义。"可以说，如果我们能把自己的立场安放在特定的概念或口号里，秉持有立场的变革，那将是对维特根斯坦的一种慰藉。

改革不是一张蓝图，而是一种责任。加拿大学者迈克尔·富兰说："变革是一项旅程，而不是一张蓝图。"毫无疑问，改革需要蓝图，需要理性设计，但蓝图不是改革本身。奥托·魏宁格有一句令人心动的话："逻辑与伦理在本质上是相同的。它们不是别的，而正是对自我的责任。"改革是一种责任，是一种对未来负责的精神。联合国教科文组织提出了21世纪教育的四大支柱：学会认知、学会做事、学会共处、学会生存。其中，学会认知是步入未来社会的通行证：观察、阅读、倾听、书写、交流、多样化表达、分析、综合、推理……学会做事是适应知识经济时代的必然选择：专注、善于发现问题、善于尝试、目标准确、身体力行、全力以赴、勇于面对现实、直面困难、不惧失败……学会共处是顺应全球化时代的需要：人际感受能力、人际理解力、人际想象力、风度与表达力、合作能力与协调能力、决策能力、沟通能力；懂得尊重、善于理解、换位思考、勇于担当、积极配合；而学会生存则是对做人品质的完善：适应能力、交往能力、管理能力、动手能力、创新能力、竞争能力；促进自我实现、丰富人格特质、担当与责任承诺、接受改变、适应改变、积极改变、引导改变……应该说，这些都是核心素养时代课堂教学改革的责任。

改革不是一场革命，而是一种态度。我们为什么需要改革？是因为有糟糕的现实摆在眼前，我们必须清除它。我们如何改革？通过雷厉风行的方式彻底改革吗？我们知道，对于理想化的东西，改革者很容易接受，并习惯于用理想的丰满来衡量现实的骨感，用理想的光滑来评判现实的粗糙。在理想观照下，现实是一无是处的，是必须摈弃的。正是基于这种认识，改革者很容易接受这样的观点：通过暴风骤雨式的"革命"来实现美好的改革目标。著名教学论专家王策三先生指出：任何教学改革都不是"一蹴而就的，也不是几年、十几年、几十年短期实现的，更不是以'革命'方式达成的"。改革是一种态度，一种持续改变现状的态度，一种朝向美好的态度，一种渐进探索的态度。

改革不是一个事件，而是一项旅程。吉纳·霍尔认为，变革的首要原则是把变革看作"是一个过程，而不是一次事件"。当我们把改革看成是一个事件，这意味着，改革可以在短期内取得成功；如此，改革尚未真正推进，我们便急着推出新的改革。面对一系列的政策性号召与行政命令，一些地方与学校常常是积极参与，往往在短时间内就会涌现出大量的改革成果，不少地方和学校还会举办各种各样的经验交流会。然而，在热闹的背后，却存在着虚假的繁荣：应付改革，鲁莽冒进现象时有发生。改革其实是一项旅程，一项迈向合理性的旅程，一项不断面对问题、思考问题、解决问题的旅程。课堂教学改革无法速成，只能渐进摸索；课堂教学改革也无法一次性完成，它永远在路上。

改革不是一条直线，而是一种智慧。对改革的简单化认识，缺少对改革形态丰富性、过程复杂性的理解，会让改革陷入迷茫。吉纳·霍尔说："变革，不是某位领导发表一次演讲，或在8月份为教师举行两天短期培训，或向学校提供新课程或新技术，就能一蹴而就、获得成功的。相反，变革是一个过程，在这个过程中，个人、组织机构逐渐理解了新事物、新方法，并且在运用它们时愈益熟练和有技巧。"无数经验证明，课堂教学改革是一个逐步推进的过程，而不是一条直线，其中往往包含着复杂性、随机性和偶然性，它需要理性和智慧。对此，迈克尔·富兰说：变革"好比一次有计划的旅程，和一伙叛变的水手在一只漏水的船上，驶进了没有海图的水域"。可见，课堂教学改革不是"种豆得豆、种瓜得瓜"的简单逻辑，而是一个多因子、多变量、多可能的复杂交织过程。没有"直接拿来"的理论与模式可以套用，改革需要我们自己的原创理论和实践智慧。

改革不是一个目的，而是一种创造。把改革作为目的，为改革而改革，这不是我们的应然取向。有人说："未来不是我们要去的地方，而是我们要创造的地方。"课堂教学改革，可以是突破陈规、大胆探索的思想观念，也可以是自强不息、锐意进取的精神状态，还可以是奋勇争先、不甘落后的使命感。华罗庚说："如果没有独创精神，不去探索更新的道路，只是跟着别人的脚印走路，也总会落后别人一步；要想赶过别人，非有独创精力不可。"我们今天创造怎样的课堂，就意味着我们在培育怎样的未来。当我们创造知识型课堂的时候，我们就是在塑造复制与服从的未来；当我们创造素养型课堂的时候，我们就是在选择美好与灿烂的生活。教育的价值在于生命意义的提升，在于学习价值的锤炼，而不在于知识的牢固掌握和大量累积。雨果说："已经创造出来的东西比起有待创造的东西来说，是微不足道的。"的确，有待创造的东西只能靠学生在生命化实践和实际生活中去创造。因此，在某种意义上，改革不是一个固定目标，而是一个创造，一个基于实验的生命创造和素养提升过程。

改革不是一种形式，而是一种深度。虽然改革之声不断，但我们的课堂教学改革总体上并无实质性进展，"素质教育轰轰烈烈，应试教育扎扎实实"仍然是中小学课堂教学的主流表现。围绕着教材，问题学习、项目学习、单元教学、作业设计、听评课……都被冠以改革之名。联合国教科文组织在《学会生存》这一报告中曾警告说："教育具有开发创造精神和窒息创造精神这样双重的力量。"大量事实表明，以反复操练为表征的知识教育严重地窒息着年轻一代的创造精神，阻碍着社会进步。教育的核心价值不应该只是盯着知识，而应在于培养有智慧的人。唯有培养有智慧的人，我们才能足以应对不断变化的社会。二百多年前，德国就有如此教育宣言："教育的目的，不是培养人们适应传统的世界，不是着眼于实用性的知识和技能，而要去唤醒学生的力量，培养他们自我学习的主动性、抽象的归纳力和理解力，以便使他们在目前无法预料的种种未来局势中，自我做出有意义的选择。"当前，课堂教学改革最重要的一步，就是要从知识至上的泥潭中跳出来，义无反顾地迈向关注生长的素养时代。

总之，改革不是自负的概念翻新与宣示，而是崭新观念的建构与实践。面对核心素养时代，我们应少些"看客"，多些"创客"，不断洞悉隐藏于深处的棘手问题，在不断追问中创造属于我们自己的精神世界。这或许就是"核心素养导向的课堂教学丛书"之初衷。

杨四耕

2022 年 2 月 9 日于上海市教育科学研究院

目录

第一章　唤醒心灵深处的生命感　／1

斯普朗格认为："教育的核心是人格心灵的唤醒。"教育的目的就是用合适的教育方式将人生命深处的创造力、生命感、价值感唤醒。作为教育者的教师要以学生为本，关爱、尊重和理解学生，才能实现他们的精神成长，实现精神成长的关键之一就是唤醒他们内心深处的价值感和生命感。

第二章　让每一个心灵澄澈明亮 / 41

课堂教学要把握知识之间的内在联系，创设适宜的问题情境，适时地提问，相机引导并适当放手；要充分调动每一个孩子学习的主动性和积极性，寻找有效方法；引导思维由浅入深，使孩子们进入深度思维，让课堂教学具有蓬勃的生命力，让每一个心灵澄澈明亮。

第三章　演绎生命的丰富内涵 / 73

课堂教学是以学生发展为主要的多边交流过程，是用爱唤醒儿童蒸蒸日上的前行力量。课堂教学蕴含着巨大的生命活力，只有师生的生命活动在课堂教学中得到有效的发挥，才能真正有助于人格的养成和发展，从而演绎出生命的丰富内涵。

第四章　把生命内在的真善美召唤出来　

如果说知识的传授是教学过程的物质基石，美好师德是教学过程的精神支撑，那么教学艺术便是教学过程中的那一抹彩虹、令人赏心悦目，如沐春风。通过具有立体感的教学过程，学生感受到的是知识之真、师德之善、教学之美，由此，课堂教学便把生命内在的真善美召唤出来了。

第五章　每一堂课都是灵魂的对话　

课堂教学实质是师生之间的心灵交流，也是灵魂的深度对话。这种交流和对话作为课堂教学的存在形态，既昭示着包容和平等，也彰显着人性和思想，凸显了学习者的主体立场。每一堂课都是灵魂的对话，对话具有心灵的力量，理应成为课堂教学的内在构成。

第六章　课堂教学是人性光辉照耀彼此的过程　/ 169

课堂教学是人性光辉照耀彼此的过程。教师通过尊重、观察、研究学生的个性差异以及情感表现，对儿童进行激励与表扬，有利于课堂氛围的改善，有利于促进儿童人格的完善，有利于育人品质的提升。在此过程中，教师也能通过对话提升自我，课堂教学由此成为教学相长的过程。

序一

"建设高质量教育体系，建设高素质专业化教师队伍，深化教育改革，实施教育提质扩容工程"，李克强总理在政府工作报告中为教育改革指明了前进的方向。建设高质量的教育体系，重点在基础教育，深化教育改革、尤其是基础教育阶段的教育改革，不仅关系着国家发展、民族兴衰，也承载着全国人民对高质量基础教育的期盼。

上海是中国基础教育改革的先行者，深化基础教育改革，就要探索高质量教育体系建设新路径。要认真贯彻党的十九大、全国教育大会精神和市教委基础教育工作要点工作精神，深入实施新一轮上海市中长期教育改革和发展规划纲要。

推进教研教改实现新样态，构建科研型学校。要持续推进课程教学改革，鼓励以学校为单位的教育教学科研。教育科研、教研教改不仅是教育改革发展的智慧型支撑，而且是基础教育质量提升的有效路径。鼓励区内各学校根据自身的办学条件与办学特点，进行符合自己办学需要的教育教学研究，推动以学校为中心、以教师为主导的科学研究常态化、规范化、制度化。

提高基础教育学校教学质量，构建有效的学校教育。要转变教学方式，满足学生的个性化学习需求，激发学生的学习兴趣，提高课堂教学效果，切实提高本区学校教育教学质量。强化对教师教学行为的规范化管理，引导教师多在课堂教学上下功夫。教育研究要围绕课堂、聚焦课堂，最终回归课堂。

深化教育评价改革，构建育人型学校。去年印发的《深化新时代教育评价改革总体方案》指出，立德树人的成效是检验学校办学质量的根本标准，新时代中小学教育评价改革必须全面推进、不断深化。要制订符合学校实情的评价指标改进工作方案和推进计划，构建校本化的学业指标评价体系。

　　嘉定区苏民学校的教育教学研究走在我区的前列，回顾学校 87 年的办学历史，"以苏民生"一直是学校发展的主旋律，唤醒民智成为学校教育价值的核心取向，幸福成长成为学校办学的宗旨。 87 年的办学历史，"唤醒教育"、幸福文化得以一以贯之。苏民学校以"为了师生幸福成长"的办学宗旨为基点，不断注入时代发展新的元素，梳理、凝练了学校办学理论——"唤醒教育"，由此确立"让每一个心灵澄澈明亮，让每一个生命幸福成长"的办学理念，秉持着"健康乐学，快乐成长"的育人理念。明确"办一所澄澈明亮的学校，即创建文化灿烂的学校，培育心灵澄澈的儿童，造就精神明亮的教师"的百年老校的愿景。近年来，学校在建设"幸福苏民"的实践中积极探索，在办学和管理诸多方面都获得了提升，也得到社会各界的肯定。

　　苏民学校"唤智课堂"的实践探索，是我区教育教学研究中优秀典范，以课堂教学为主阵地，推动"唤智课堂"建设，提升师生在教学互动中的幸福体验，推动学校课堂品质的提升。苏民学校秉持着"让每一个心灵澄澈明亮，让每一个生命幸福成长"的办学目标，借助开展《聚焦学生学习，提升课堂品质的区域行动》项目的契机，经历了四年的研讨，提出了一套具有苏民特色的办学理论——"唤醒教育"。"唤醒教育"是要唤醒教育主体和各类教育利益相关者心中沉睡的力量，围绕六个"唤醒教育"的实践维度，苏民学校制定了学校发展规划。这六个维度是："唤情德育"：触发学生的生命感动；"唤趣课程"：实现生命意义的自由自觉；"唤智课堂"：每一堂课都是灵魂的对话；"唤爱教师"：唤醒每一位教师的专业热情；"唤能管理"：唤醒学校内涵发展的力量；"唤美校园"：让学校充满美的气质。

　　对课堂的聚焦可以说是苏民中学"唤醒教育"研究的一大亮点。教育改革，关键在学校；学校教育，关键在课堂。"唤智课堂"是实现"唤醒教育"的重要落脚点，在顶层设计与教学实践相结合中，苏民学校不断确定并改进"唤智课堂"观察指标，这一教学评价工具是改进教学方法、落实"唤智课堂"要义、改善教学水平的重要抓手。苏民学校在"唤智课堂"观察指标不断完善的过程中，积累了一批体现指标落实的典型案例。指标将课题观察划分为轻松、投入、灵活、深刻、创造等维度，细化操作指标，在构建快乐课堂、有效课堂，促进学生思维能力的发展方面，取得了令人瞩目的效果。

在"唤醒教育"研究的基础上，苏民学校孕育了新的办学理念——"让每一个心灵澄澈明亮，让每一个生命幸福成长"。有理由相信，在办学理念的引领下，苏民中学无论是课堂教学质量还是学校办学质量都将得到长足的进步与提高！

上海市嘉定区教育学院院长　许晓芳

序二

在近三十年的教书育人生涯中，我经常会被问到的一个问题是："教育是科学吗？"这个问题的答案可能和"中医是不是科学"的答案一样仍未有定论。我们之所以争论，是因为在这个领域，目前还没有任何一个固定的处方能够确保某种教学方法、策略或模式对所有学生都适用，也没有某种固定的原理和法则能支持所有学生所有学科的学习。也因此，很多人更认可"教育是一种实践"的说法，认为教育教学需要经验的积累。持有这种观点的人容易忽略的是，我们的经验并不总是正确的，有些经验从一开始就是错误的总结，还有一些有效经验会随着学生个体的变化而变得无效。即使是一位优秀的中医，当他给病人看病时，哪怕是医治同一个病人的同一种病，也要根据病人的身体状况变化及时调整处方，以确保达到最佳疗效。同样的，我们需要在课堂上监测学生的"学"和我们教师的"教"，分析"学"与"教"的效果以及两者间的关系，根据所获得的证据及时改变我们教师的"教"，从而影响学生的"学"。通过提升学生的思维品质，养成他们良好的学科素养，培养他们的学习幸福感，进而唤醒他们心灵深处的生命感。

在没有外力干预的情况下，许多教师往往更加关注学生的知识掌握情况而非学生的思维品质或学习幸福感，也正是因为如此，教师关于课堂的教学多是围绕学生学到的知识多少而展开的。在信息爆炸的时代，作为人类灵魂的工程师，教师更为重要的责任是通过核心素养的培育，通过课堂潜移默化的影响，让学生成为具有创造力的人，实现"让学习成就个体生命的健全"的目标。这其中，思维品质的提升是关键，而以问题解决、决策能力、批判性思维和创新性思维等为代表的高阶思维的提升更是重中之重。这对我们的课堂教学提出了挑战，要求我们的教师在教学中需要从教师控制转向以学生为中心，从关注知识传递转向聚焦学习过程，用更多的开放性问题替代封闭式问题，为学生提供更多具有挑战性的任务而非更多应试技巧。这就使得许多教师的过往经验并不能有效应对当前的育人目标。同时，我们也很少提供切实可靠的工具帮助他们进行有效反思，以至于他们难于找到切实的证据表明哪些学习活动的实施属于发展学生的高阶思维，哪些活动的设计让学生在课堂上始终处于低层次的思维水平，从而需要改进。如此一来，有针对性地改进课堂教学就无从谈起了。

在这方面，嘉定区苏民学校做了积极的探索实践。在追求创造"唤智课堂"、实现"让每一个心灵澄澈明亮，让每一个生命幸福成长"的办学目标过程中，由研究者、学校管理者、教师和家长等人组成的队伍从不同角度出发，围绕学生现实需求，共同确定唤醒教育的"唤智课堂"内涵，即通过教师创造安全且安心的课堂氛围，在课堂上聚焦学生思维品质的提升，唤醒学生学习的热情，唤醒学生自尊、自信的天性，唤醒学生自强、自律、自省的能力，从而成就理想人生。当然，学校并未止步于育人理念，在具体的评价与落实方面，苏民学校采用了基于设计的研究（design-based research）方法，首先确立"唤智课堂"观察指标 1.0 版，接着通过"设计——实践——再设计——再实践"的迭代循环过程，不断精炼指标，进阶到 3.0 版，使其真正成为教师能用、乐用的教学评价工具，并根据这一工具提供的信息不断改进教学方法，落实"唤智课堂"要义，精致学生的思维品质，唤醒学生学习的幸福感。

苏民学校在"唤智课堂"观察指标不断完善的过程中，积累了一批体现指标落实的典型案例。本书由六个章节构成，每个章节都由六至八篇案例构成，各案例分别从不同学科出发，阐释如何通过创造"轻松"的课堂，引导出学生天生的好奇心，让学生"投入"课堂活动，培养"灵活"、"深刻"和具有"创造"性的思维能力，通过学科育人，在课堂上促进学生价值观、生命力和创造力的觉醒，为学生自我生命意义的建构添砖加瓦。本书与其说是开一个简单处方，告诉教师如何进行聚焦思维品质的教学（事实上，也没有这样的处方），不如说是通过详实的证据呈现了"唤智课堂"的实践样态以及其在培养学生高阶思维方面的作用。本书的这些信息，连同"唤智课堂"观察指标共同构成了一个"唤智课堂"的行动框架。

正如德国著名文化教育学家斯普朗格在其巨著《文化和教育》中所指出的，人是教育的中心问题，教育不在于使人单纯获得已有的东西，而是要把人的创造力量诱导出来，将生命感、价值感唤醒，使人具有自动追求理想价值的意志，成为全面发展的人。

希望所有有志于不断磨砺自己教学、期望在课堂上发展学生学科思维品质、让课堂充满生命活力的教师，通过本书提供的案例与框架都能有所收获。

唤醒我们的学生！

上海市虹口区教育学院副院长　胡军

前言　办一所澄澈明亮的学校

　　上海市嘉定区苏民学校创办于 1934 年，为纪念许苏民先生而建。许苏民，原名朝贵，取"以苏民生"之义而名之。"以苏民生"就是要让"愚的明，贫的富"，用现在的话来讲就是"唤醒民众学知识，明道理，学技术，获能力，最终过上幸福的生活"。回顾学校办学历史，"以苏民生"成为学校发展的主旋律，唤醒民智成为学校教育价值的核心取向，幸福成长成为学校办学的宗旨。88 年的办学历史中，"唤醒教育"、幸福文化一以贯之。

　　"十三五"以来，苏民学校在教育局的领导下，在社会各界的帮助支持下，在全校师生的共同努力下，"幸福苏民"全面推进，在学校文化建设、全面育人、新优质学校持续发展等方面取得了显著的办学成效。

　　近九十年的学校历史，积淀下了"荣校、兴乡、爱国"的办学传统，落实"树魂立根"教育。坚持把立德树人作为中心环节，将思想政治工作贯穿于教育教学全过程，实现全程育人、全方位育人。确立了以"人文、科技、艺体"为重点的办学特色，通过"审美立德、健体立身、文化立魂"三大课程体系来塑造学生的核心素养。加大"科学有效、创新发展"的力度，逐步完善学校管理机制，不断优化"科学、有效、创新"的办学行为。学校为师生营造了一个和谐、团结、奋发、有为的工作、生活和学习环境，给师生打造了幸福成长的乐园，让师生充满对幸福的向往。

　　对苏民学校而言，"十四五"开局之年，我们深入思考的关键点是：传承和创新。继续以"为了师生幸福成长"的办学宗旨为基点，不断注入时代发展新的元素。2020 年，集全体苏民人智慧，梳理、凝练了办学理论——"唤醒教育"：让大脑清醒起来、人格丰富起来、精神澄澈起来。它是学校"为了师生幸福成长"办学宗旨的新时代诠释，是学校发展素质教育的个性化实践样态，是学校文化图谱的总纲领。由此，学校的办学理念应运而生——让每一个心灵澄澈明亮，让每一个生命幸福成长。它指引着学校向着办学愿景不断前行：办一所澄澈明亮的学校，即创建文化灿烂的学校、培育心灵澄澈的儿童、造就精神明亮的教师！

人最大的力量来自于人的内心，"唤醒教育"就是要唤醒教育主体和各类教育利益相关者心中沉睡的力量。教育是一个灵魂唤醒另一个灵魂，是一颗心灵感召另一颗心灵，是一个生命点燃另一个生命的力量，是人类集体心灵参与的智慧活动。因此，"唤醒教育"是一种教育追求，也是一种教育状态，更是一种教育境界。基于此，学校发展规划将主要围绕以下六个"唤醒教育"之实践维度即发展项目展开。

一是"唤情德育"：触发学生的生命感动。学校始终以红色教育为核心，做实"唤情德育"品牌，建构学校德育模型；加强家庭教育指导研究与实践，优化家庭教育指导工作；以强化行规教育为重点，以学生社团发展为依托，以学生的"生命"为原点，唤醒学生对生命的敬重，培养爱国诚信、健康乐学、向上尚美的苏民学子。

二是"唤趣课程"：实现生命意义的自由、自觉。教育的目的不在于传授或接纳某种外在的、具体的知识或技能，而是要能够融合学科知识进行批判式思考，实现自我生命意义的自由、自觉的唤醒，达到自由、自觉学习的目标。学校将加强顶层设计，建立多元发展的课程体系，让基础型课程更坚实，让拓展型课程更丰富，让校本课程特色更彰显。

三是"唤智课堂"：每一堂课都是灵魂的对话。每一堂课都是一场灵魂的对话，每一堂课都是心灵的启蒙，每一堂课都是心灵的嘱咐，每一堂课都是成全的提醒。学校将通过小课题研究、"教"与"研"一体化等途径，不断梳理"唤智课堂"的基本理念，形成以"智慧导入、个性探究、合作交流、质疑解惑、拓展应用"为追求的课堂教学模式群，让课堂充满生命活力。

四是"唤爱教师"：唤醒每一位教师的专业热情。于教师而言，"唤醒教育"意味着唤醒教育激情，塑造名师梦想。学校将开展并深化"三导师"制度、丰富"优青工程"内涵、筹建"名师工作室"、建设"小课题团队"等；启动针对青年教师发展的"琢玉计划"和高端教师发展的"高瞻计划"，以真抓实干的精神，为教师专业发展搭建平台。

五是"唤能管理"：唤醒学校内涵发展的力量。于学校而言，最好的管理是对师生自我发展意识的唤醒。学校将积极探索科学的教育手段，创新管理理念，以构建和谐向上的校园文化为己任，促进师生的共同发展，唤醒家长和社会对教育的觉悟和支持，充分利用各方正能量，提高学校的美誉度。

六是"唤美校园"：让学校充满美的气质。让学校充满美的气质，让文化唤醒自觉，让教育在这里发生。学校将发掘学校历史文化传统，启动文化设施和人文景观建设，完善校园标识系统，开展智慧校园建设。形成完整成熟的以苏民学校特有的办学理念为核心的、符合学校发展、具有时代内涵、特色鲜明的学校文化系统。

2019年6月23日，中共中央、国务院颁布《关于深化教育教学改革全面提高义务教育质量的意见》，该意见要求树立科学的教育质量观，深化改革，构建德智体美劳全面培养的教育体系，健全立德树人落实机制，着力在坚定理想信念、厚植爱国主义情怀、加强品德修养、增长知识见识、培养奋斗精神、增强综合素质上下功夫。坚持德育为先，教育引导学生爱党爱国爱人民爱社会主义；坚持全面发展，为学生终身发展奠基；坚持面向全体，办好每所学校、教好每名学生；坚持知行合一，让学生成为生活和学习的主人。本书是我校推进课堂教学转型的一个探索性研究成果，它展现的是我校围绕立德树人根本任务的落实、围绕育人品质提升所作的努力，亦是教师专业发展征程中点亮的一盏有效教学改革之灯。本书以提高课堂教学质量为中心，强化课堂主阵地作用，着力优化教学方式，坚持教学相长，注重启悟教学和异语教学等唤醒学生内心的价值感和生命感；重视体验教学和智趣教学等使课堂教学焕发蓬勃生机；善用活力课堂和动感课堂等助力学生养成教育；创设绘本教学和焦点教学等召唤学生的内心之美；借助参与教学和插图教学等增进与学生心灵的对话；挖掘导思教学和启言教学等促进儿童人格的完善……这些课堂改革的案例是学校开展聚焦课堂教学质量的缩影。

"教学的艺术不在于传授知识，而在于激励与唤醒！"这是德国教育家第斯多惠的名言。教师要充分认识到教育绝非单纯的知识传授和能力培养，理应立足于学生一生的发展，把育人和教学充分结合，通过教师、学生、文本间的对话，"因人施教"地唤醒并开发人的内在潜力，唤醒并培养学生的学习兴趣，使学生领悟到自身存在和内在心灵的需要。因此，我们所探索的课堂转型不仅只是传授或接纳某种外在的、具体的知识或技能，而是能够融合学科知识进行批判式思考，实现学生对生命意义的自由、自觉的唤醒，达到自由、自觉学习的建构。所以，课堂应该是照亮彼此的地方，课堂教学是人性光辉照耀彼此的过程。每一堂课都是一场灵魂的对话，每一堂课都是心灵的启蒙，每一堂课都是心灵的嘱咐，每一堂课都是成全的提醒。课堂应该是充满活力、智慧与情趣的地方，学生应该是学习的主人！

《课堂是照亮彼此的地方》一书，是基于"办一所澄澈明亮的学校"的愿景及课堂转型探索而生的，它是"让每一个心灵澄澈明亮，让每一个生命幸福成长"的办学理念下的课堂新样态。我们将在现有的基础上继续努力，期待在一定的时间跨度后，再来检验它的进一步效果。当然，我们也期待得到广大读者的真切反馈。

上海市嘉定区苏民学校校长　陈丽雅

第一章

唤醒心灵深处的生命感

斯普朗格认为："教育的核心是人格心灵的唤醒。"教育目的就是用合适的教育方式将人生命深处的创造力、生命感、价值感唤醒。作为教育者的教师要以学生为本，关爱、尊重和理解学生，才能实现他们的精神成长，实现精神成长的关键之一就是唤醒他们内心深处的价值感和生命感。

德国教育家第斯多惠说过:"教育的艺术不在于传授知识和本领,而在于激励、唤醒和鼓舞。"在课堂教学中,我们经常可以看到教师精心准备的教学中有各种知识、方法和技巧,却难以看到引导学生发自内心感悟知识和生命。知识和技能的传递只是课堂教学中的一个方面,更重要的是要在实际的教学中为学生树立正确的人生观、世界观、价值观,在以"人的教育"为基本的教育理念中激发学生的创造能力。作为教育工作者要悉心关爱学生,尊重且理解每一个个体,用直达人心的方法唤醒学生的生命感和价值感。

关爱学生,要发自内心地爱每一个学生。随着社会的不断发展、教育科学的不断进步,作为教师要用发展的眼光来看待学生,要认识到学生的身体和心理是不断成长变化的;要意识到学生还在不断成长,各方面发展还不完善;要发自内心地真正关爱学生,才会全心全意为学生着想,不断挖掘学生的发展潜能。真心关爱每一位学生,让他们获得安全感、归属感,从而使其形成良好的道德品质。教师要对学生关心、爱护、宽容,要善于发觉学生的优点,充分鼓励他们自尊、自信。

尊重学生,平等地对待每一位同学。把学生当成一个平等的人来对待,才有可能与学生进行心灵的交流。每个学生都有自己不同的生活环境和生活经历,这些经历使学生形成了自己独特的性格和行事风格。教师要尊重学生个体个性,不能以一个标准来要求所有人,而要因人而异,肯定学生个性中积极向上的地方并且有效引导,使学生获得全面健康发展。只有尊重学生,学生才会大胆发表自己的见解,师生共同讨论,教学才能相长,才有可能唤醒学生心灵中的责任感、生命感。

理解学生,从学生的角度看待问题。学生是有个性、有理想、有思想的人,作为教师要尝试从学生的角度来看待事情,站在学生立场感受他们的思想和行为,了解学生的心理感受,并将自己的感受有效地传达给学生,让学生感受到被理解、被尊重,产生温暖感和满足感。被尊重、理解和信任是学生不可剥夺的权利,教育学生时要理解、信任学生,应该随时随地激励、提醒学生。理解学生,才能知道学生的内心世界,因为理解,才会知道学生的情感需要和求知需要，才能与学生进行心灵上的沟通。

　　教育不仅仅是知识的传递、方法的传授，更重要的是心灵的沟通，灵魂的交融，要唤醒学生内心深处天性向善的心灵，激发学生内在的潜能和梦想，引导帮助学生追求丰富的精神空间和崇高的道德境界。作为教育者，需要以特别的关爱、彼此的尊重、相互的理解来唤醒学生的自我意识和心中的生命感，让他们走上和谐、健康、阳光的成长之路，活出自己生命的意蕴并绽放光彩。

化错教学：以错误为资源培养高阶思维

　　课堂是允许犯错的地方，错误是教学的珍贵资源。课堂教学的本质就是化错为真知与真识。我们采用化错教学，通过包容错误，激发学生的创造力；智慧融错，提升学生综合分析能力；以错为导，培养学生的评价能力；转化错误，从而引导学生真正学会学习，激发学生的学习兴趣，培养学生的高阶思维能力。

　　数学作为教育科学的一部分，不仅承担着传授数学知识的任务，同时也担负着培养人的数学思维能力的责任。然而，由于认知能力的差异，学生的数学思维存在着低阶思维和高阶思维之分。其中低阶思维主要有思维浅表性、非结构性、不可变通性等特点，[①] 而高阶思维是高阶能力的核心，主要指创新能力、问题求解能力、决策能力和批判性思维能力等。实践表明，学生数学学习的过程，就是从低阶思维发展到高阶思维的过程。这个过程如同事物的发展规律一样，不断地从发生错误到发现错误，再到最后的化解错误。在这里，笔者将这一过程概括为"化错"。由此可见，"化错"与高阶思维密不可分，在培养和发展学生高阶思维的过程中起着至关重要的作用。

　　课堂是允许犯错的地方，错误是教学的珍贵资源。课堂教学的本质就是化

---

① 沈之菲. 提升学生创新素养的高阶思维教学［J］. 上海教育科研,2011（09）:35—38.

错为真知与真识。华应龙老师提出过"化错教育"① 这一概念。"化错"一词出于此，指的是转化错误，化解错误，引导学生走向正确的学习道路。学生在真实的学习过程中不可能不出现错误。如果说传统的课堂更多的是追求一种完美、一种滴水不漏般的正确，那么现在的课堂，错误可以转变成课堂的亮点、学生思维的转折点。因为精彩的"化错"教学更能体现教师的教学智慧和因材施教、面向人人的教育理念。以"化错"的方式发展学生的高阶思维，是经过实践验证的自然过渡和顺利缔结的教学方式。下面就以《反比例函数图像与性质》这节课中"画反比例函数图像"的教学环节为例，加以分析。

根据观察结果，我们总结发现了本节课学生的学习缺乏有效性，学生没有很好地表现出敏捷性、灵活性、独创性、批判性、深刻性的思维品质。学生的思维过程可以分为记忆、理解、应用、分析、综合、评价和创造，其中分析、综合、评价和创造为高阶思维。②

一、 包容错误，激发学生的创造力

正确的解答可能只是模仿，而错误的解答却可能是创新。首先，要包容、欣赏学生的差错，允许学生犯错，才能激发学生的创造力。

《反比例函数的图像与性质》是沪教版八年级上册数学第十八章第三节《反比例函数》第二课时的内容。通过类比研究正比例函数的方法，用"列表、描点、连线"的方法画出反比例函数的图像，从而探究反比例函数的性质，所以本节课的重难点是反比例函数的图像和性质。因此，画出反比例函数图像是本节课非常重要的第一步。根据教学经验的积累，对学生容易出现的错误情况，教师都有所了解，我们怕学生出错，所以常常选择先教后练，提前干预学生出现的"错误"，本以为"纠正错误"就可以避免错误，但实际上，各位听课老师在对教学环节的观测中发现，该有的"错误"类型一个都没有少，总还是有学生出现了预设的错误。这种人为的提前干预限制了学生的思维，对学

① 华应龙. 化错教学 求真育人 [J]. 教育视界，2015（04）：25—27.
② 钟志贤. 如何发展学习者高阶思维能力 [J]. 远程教育杂志，2005（4）：78.

生数学知识的理解并没有太多的帮助。

在课堂上，学生出错了，笔者就像发现新大陆一样惊喜，学生如果不出错，就没有老师什么事了，"错误"是成功的必经之路。所以在学生画图的过程中，笔者和听课的老师们仔细记录学生所出现的"错误"，这些就是下面我们需要应对的挑战。

第一环节依然是通过类比正比例函数的研究思路，我们可以归纳出研究函数的思路，可以从概念→图像→性质→应用的顺序展开。将原先的环节二与环节三交换顺序，学生先操作探究，教师后引导教学。所以，第二环节引导学生自行探究，画出反比例函数图像，教师在巡视过程中，关注学生出现的"错误"：受到正比例函数的影响不画曲线而画直线、不用曲线却用折线连接、没有趋近于坐标轴"翘"起来、与坐标轴有交点等。在第二环节中，并不是鼓励出错，也不是要纵容学生不负责任的"草率行事"，而是在环节一的引导下，我们要鼓励学生探究的勇气，激发学生挑战的精神，保持学生创新的激情。与之前不同的是，现在的第二环节避免苛求正确与准确，不过分讲究"严谨性"，不给学生造成对创新的压力，让他们自由探究发挥。

二、 智慧融错，提升学生的综合分析能力

我们需要创造机会，暴露差错，引导学生分析错误背后的思维过程，使其在错误中求知，在思辨中成长，提升自己的分析和综合能力。

在传统教学过程中，问题互动很多，热闹、自然、流畅，也组织了学生交流探索，但细想这些问题，大多是记忆性的知识问答和一些简单计算问答等，没有什么思考价值。老师先"教"，学生后"学"，设置之初的目的，是想在教师的"干预错误"、"纠正错误"下，学生学会如何画函数图像，从而避免一系列"错误"：受到正比例函数的影响不画曲线而画直线、与坐标轴有交点、不用曲线却用折线连接、没有趋近于坐标轴"翘"起来……但这样干预错误的方式，阻碍了学生综合分析问题的思维过程。

所以笔者采取智慧融错，把错误作为一种资源，从外在的表现入手，引导其暴露思维过程，分析其内在机制，将教学活动引向深入。首先，分析差错背

后的真正原因。明白人的算理是一样的，不明白的人却各有各的困惑。做教师的就必须明白学生的困惑所在，才能有效地帮助学生。"子非鱼安知鱼之乐"，要准确分析差错背后的真正原因，就得倾听学生，望闻问切，然后才能辨症施治。

其次，让正确在差错中生长。对待学生的思维成果，不是着眼于"对"还是"不对"，而是应当着眼于有价值还是没有价值。引领学生从错误中求知，在错误中探究。

第三环节展示学生所画的反比例函数图像，在探讨中总结画正确函数图像的注意点，并进行二次更改和相互点评。这时候第三环节的"错误"资源非常丰富，教师需要归类展示班级学生出现的所有反比例函数图像的"错误"情况。

面对不同的错误情况，教师引导学生，画的对错不是最重要的，重要的是发觉思维过程，挖掘错误原因，鼓励学生勇于展现自己的"错误"。同时，笔者在教学过程中采用了几何画板，用严谨的工具给学生还原真相，帮助他们进一步了解反比例函数的图像，由学生自主总结归纳图像特征。

差错其实只离正确就差那么一点，通过智慧地转化错误，对错误进行归因分析，学生们渐渐明确正确的函数图像应该是什么样的，同时还能加深对反比例函数图像的理解，掌握研究一般的函数图像的步骤和注意点，提升了综合分析能力。

三、 以错为导，培养学生的评价能力

没有一个数学家是不犯错的，每一个真理都是在无数次的错误实践中得到的。学生在"化错"教学的引导下，学生们的评价方式不再纠结于对或错，而是能够挖掘"错误"背后所蕴藏的真理。

传统教学，虽然从数量上来说，能模仿出反比例函数图像的学生确实多了，但是这会不会是一种"假象"呢？从老师的教学演示到学生的模仿操作，学生真的是"会"画了，还是会"画"了呢？数学课堂所追求的不是学生模仿"画"图的能力，而是"学会"怎么解决问题的能力。学生通过这一节课的学

习，当遇到一个新的函数时，在没有老师的帮助下，依旧不会画它的函数图像、研究它的性质。这种以模仿为主的教学模式不利于学生高阶思维的提升。

在化错教学中，"错误"不再让学生觉得羞愧，"错误"会让学生感到兴奋，在挖掘真理的探索过程中促进了生生对话、生生互评，培养了学生的评价能力，同时达到育人的目的。课堂气氛渐渐活跃轻松起来，学生们兴奋地寻找自己和同伴的"错误"资源，于是又发现了两种有争议的情况，并拿到台上展示，同伴之间进行互相评价。在自主探究和分析讨论后进行二次修改，重新审视自己的作图过程。

"化错"教学，让学生从会"画"到"会"画，真正意义上实现了从教师的"教"到学生的"学"。对出错过程的回眸，是对差错的育人价值的欣赏。从自己的创造，到回顾自己的作图，分析、评价、修正、欣赏自己的"错误"，让课堂中师生对话、生生对话变得更加有效，培养了学生的高阶思维能力。

反思我们传统的教学模式，如果只是"干预"和"纠正"错误，学生没有进行"化错反思"，课堂效果感觉上比较好，但事实证明学生只是停留在记忆学习阶段，时间一长漏洞百出，学生甚至都不明白自己错误的本质原因。一方面从纠错到更正、再出错，学生反反复复持续这个过程，一直困扰着教师。另一方面，在遇到新的问题时学生不能独立解决，学生的后续学习存在很大的隐患。

四、 转化错误，培养学生的高阶思维

思维的深浅度是衡量数学教学有效性的验金石，老师包办的"教"代替了学生主动的"学"，在老师设置好的框架下，干预"错误"、避免"错误"，掩盖了知识的探究过程和思维的形成过程，并没有真正激发学生反思错误，简单的记忆和理解让学生的思维过程停留在低阶思维阶段，阻断了学生进一步进行分析、评价、综合和创造，因而学生的高阶思维能力并没有得到提高。

为了转化错误，培养高阶思维，实现幸福课堂，我们的教学实践可以这样做：

第一，教师成为探索的引导者和思想的点燃者。分析错误背后的本质原

因，倾听学生的思维过程，引导学生从错误中求知、在错误中探索、于错误中理解，让学生在差错中成长。"化错"教学的意义在于面向全体学生，把每个学习者作为主体，引导每个学生表达自己的观点、主动学习、主动思考。

第二，学生成为课堂的主人，从"学会"转向"会学"。出错是学生的权利，课堂是允许学生出错的地方，帮助学生不再犯同样的差错是老师的责任。通过"化错"教学促进学生主动反思，从数学本质上对自己的错误进行自我评价、改正，并学会分析与总结，使学生的学习思维和思路不断修正，优化提升，从最初的"学会"转向"会学"，从模仿记忆转向深度思考，这样一个自我认知、自我提升的学习过程，学生成为课堂的主人，是我们所追求的幸福课堂。

第三，学生成为数学学习的爱好者。从学生学习数学的过程中，可以感受到"化错"教学方式能够激发学生学习数学的兴趣，学生享受化解错误的满足感和收获知识的喜悦，从而达到健康乐学，实现幸福课堂的目的。

（撰稿者：蔡媛媛）

创意 1-2

提问教学：提升学生的逻辑思维能力

提问是教育教学中不可或缺的方式，提问教学能激发学生的求知欲和探究意识，使学生将具体的生活化为抽象的知识，将感性生活化为理性逻辑，由浅层次的理解过渡为深度的探究，使学生沉浸在逻辑思考的涟漪之中。

一般地说，思考是从问题开始的，所有的逻辑思维活动都是从解决问题出发的，因此，数学知识的教学也可以被看作是一种复杂而有条理的思维活动。在数学教学的过程中需要教师来提出有效的提问，引导学生进行深入的思考与分析。而这个过程就是对学生思维逻辑能力的培养和锻炼的过程。但在现实的教学中，提问往往会陷入教师与学生的一问一答之中，学生只是被动地回答与思考。因此，在教学实践时，如何设计有效提问，如何用提问引导学生对问题的因果、过程进行清晰的了解和思考，有目的性地去选择问题，有意识地引导学生通过归纳、对比、总结等方法认识和思考问题，以达到锻炼和提高学生逻辑思维能力的目的就成了重中之重。笔者以《东南西北》这一案例，探讨如何运用提问激发学生的求知欲和探究意识，使学生将具体的生活化为抽象的知识，将感性生活化为理性逻辑，由浅层次的理解过渡为深度的探究。

《东南西北》这一课时是沪教版二年级下册数学第六单元"几何小实践"

中的一课，在这一课时中，学生要在熟悉的环境中辨认东、南、西、北四个方向，给定一个方向会判断其余方向，了解地图上的方向；学习在街区图上定位，逐步发展实践能力；在熟悉的环境中辨认方向，培养方向感，发展空间观念；能用"东、南、西、北"方位词对行走路线进行描绘。在学生已经对方向有了一定的初步认识的基础上，这节课的重点就是运用有效提问，把他们生活中的知识与具体的形象的方向，转化为抽象且有逻辑性的方位知识，并能在地图与街区图上运用逻辑思维进行定位活动。

一、 有效提问，化具体生活为抽象知识

在《东西南北》这节课中，学生在生活中已经有了各种经验来判别方向：利用日出日落，利用北极星，利用路标以及房子一边朝向南的特性等方法来辨别方向。而教师所要做的，就是利用提问及活动来引导学生经历方向生成的逻辑。比如，在学生掌握了如何用指南针辨别一个方向时，教师可以设计如下的提问："看看指南针上的方向，说一下东面和西面在哪里？"然后根据问题展开活动。通过对教师提问的思考，学生便可以得出一个结论：东总是对着西，南总是对着北，而且东西南北总是按着顺时针方向排列。至此，学生原本模糊且生活化的方向知识，便被转化为了抽象的逻辑知识，现实中的方向的逻辑体系被建立了起来。

现实中的方向仍然是较为生活化的知识，教师可以利用提问设定活动任务，引导学生通过探究在平面图上建立方向的逻辑体系——"在地图这样的平面上，我们应该怎么样才能在地图上辨别东、西、南、北呢？你能不能通过老师给出的一个方向标，找出其他的方向呢？"通过这个提问，引导学生利用之前建立的现实中的方向逻辑体系，感知到即使在地图上，东总也是对着西，南也总是对着北，而且东西南北也总是按着顺时针方向排列的，由此便得出了一个规律——"上北、下南、左西、右东"。学生根据老师的提问，不仅仅在生活中能辨别方向，同时把这一逻辑体系投射到了地图上，在平面图上也建立起了方向逻辑体系，把原本分散的生活中的知识，经过教师的提问和自己的思考，聚拢整合成为了自己的具有严密逻辑性的知识体系。

二、 有效提问，化浅层理解为深度探究

数学逻辑思维具有层层递进、由浅至深的特点。而通过前一阶段的活动探究，学生仅仅建立了对东、西、南、北的浅层理解逻辑。因此，教师应当设计提问，创立情境，引导学生对东、西、南、北进行更深度的探究——可以设计如下的问题："平面图上冰激凌店在小胖家的西面，也可以说在小亚家的东面，为什么冰激凌点的地址没有变化，但描述它的位置时却有两个方向呢？"通过对这一问题的思索，学生可以得出参照物不同时，描述物体所处的位置的方向也会不同。此时学生对方向的理解有了一定的深化，教师可以继续利用提问引导学生进行更深一步的探究——比如可以设计如下的提问："找一找中国地图中含有东、西、南、北的地名，例如'广东''江西'等，利用地图和小组成员讨论为什么这些地名中含有东、西、南、北。"也可以设计如下的一道练习题："在我国有五座名山，合称'五岳'，它们分别是中岳嵩山、东岳泰山、南岳衡山、西岳华山、北岳恒山。根据这句话里所蕴含的方向性，在图中填一填。"在提问与习题的引导下，学生在深度的探究中能将学习到的知识与建立的知识逻辑体系反哺于具体生活，通过这项练习也能让学生意识到实际的生活中方向的逻辑体系是有用的。

在学生建立"东、南、西、北"的方向逻辑体系，并感受到其在生活中的实用后，教师可以利用问题追问："生活中只有东、南、西、北这四个方向吗？还有没有其他方向存在？"这一提问会激活学生的深度探究欲望，利用原来的方位图与自身的探究，他们就会探究得出原来在东、西、南、北四个方向中还存在着西北、东北、东南、西南这四个方向。利用教师的提问与自身的探究，学生自己的知识逻辑体系得到了进一步的提升。

三、 有效提问，化感性生活为理性逻辑

《东南西北》这节课其主要知识逻辑来自于生活，因此，在学生建立起方向的逻辑体系、对其进行了深度探究、有了一定的了解后，应当利用提问引导学生利用所学知识，把对自身生活中的感性认知化为理性的逻辑理解。虽然先前指导学生在中国地图中找出含有东、西、南、北的地名，但这一活动以抽象

思维为主，距离学生的生活较远，没有让学生将理性逻辑回归至感性生活中。因此，可以设计如下的提问——"我们学校的四个方向各有什么？你能说一说吗？""距离学校最近的商场位于学校的哪个方位？若从校门口出发，你能根据方向设计出最短的线路图吗？"结合所学的知识，让学生通过互相说、互相讨论和画线路图与方位图的各种探究方式，使学生原本对身边事物的感性认知能被理性逻辑改造，从而深化理解，也能体会到数学有用。

综上所述，有效提问在数学课堂中是不可或缺的重要组成部分。有效问题的合理设计以及使用能够帮助学生完成学习任务、建立知识逻辑体系。通过有效提问以及学生给予的反馈，也帮助教师充分了解和反思课堂上的不足和缺陷，从而起到改善课堂教学、提高自身教学能力的作用。为了师生幸福课堂的逐步开展，我们应该重视有效提问，帮助学生提高学习效率，培养学生的学习能力。

（撰稿者：王舒骏）

创意 1-3

异语教学：学习意义的生长

　　立德树人是教育的中心环节，学生在课堂中的"异语"上，有时可以反映出其真实的学习态度和价值观念，这种课堂的"异语"如果利用恰当，可以成为一个新的教育契机，而这种契机不仅是难得的教育资源，更是一个可遇不可求的教育机会，使学生产生情感上的认同和心理上的共鸣，达到立德树人的效果，促进学习意义的生长。

　　课堂教学有预设的一面，也有突发的状况，课堂教学是计划性和突发性的结合。课堂上出现教师预想之外的突发状况不可避免，处理不好，可能影响教学进程，甚至成为师生矛盾的导火索，处理得好，也有可能成为新的教育契机。因此，如何处理课堂中的突发状况，是对教师教学机智的一个重要考验。笔者在教学中发现，在历史课堂上，经常会有学生突然说出与课本内容无关的、格格不入的、有时甚至是惊世骇俗的"异语"，给正常的教学秩序带来了不小的挑战，暂且称之为课堂"异语"。在不断的教学实践中，逐渐摸索处理课堂"异语"的技巧："异语教学"，旨在借力突发的课堂"异语"，创设新的教育机遇，在偶然事件中发挥历史课立德树人的作用，促进学习意义的生长。

一、异语教学凸显价值引领

　　感触尤为深刻的一个事件，是七年级历史课讲到"诸子百家"时候发生的那段小插曲。当时问学生：春秋战国时期的"诸子"中有哪些名气最响？有的学生回答"儒家孔子、孟子！"有的说："道家老子！"还有的说墨家墨子、法家韩非子……忽然一个突兀的声音响起——"你家败家子！"我循声看去，原来是坐在第一排的那个全班最调皮的小男生，他正得意扬扬地看着我呢。这时全班已经乱了套："败家子，哈哈，你这个败家子！""你才是败家子呢！"学生们开始嬉笑起来。我一下子怒火攻心："这小子就是故意捣乱的！这下坏了，学生们别的'子'都没记住，就记住了这个'败家子'了。"刚想发作教训一下这个"坏小子"，但是一眼扫去，发现有一些懂事的学生已经在悄悄观察我的表情了，接下来该怎么办呢？

　　根据以往与同事们交流的经验，碰到这种调皮学生制造的突发状况，要么就装作不在意，直接忽略掉，继续讲课；要么把这个"坏小子"叫起来训一顿，让他承认自己的错误；要么就这个事情起个头，使用一些策略，把学生们的注意力引回课堂。看着那个"始作俑者"得意又有些挑衅的眼神，再看到另外一些小家伙脸上兴奋的表情，火石电光间我有了决定。用眼神扫视了一圈课堂后，我故意大声说："是哦，你们不说我还没觉得，原来孔子的'子'和败家'子'是同一个字啊！"然后我在黑板上写下了一个大大的"子"字，接着说道："但是为什么同一个'子'字，在我们看来却表示不同的意思呢？"

　　这时学生们七嘴八舌地讨论起来，有的说"一个'子'是好的、一个'子'是坏的。"有的说"一个是以前的、一个是现在的。"还有的说"会不会是个多义词？"见火候差不多了，我在黑板上画了个小人的样子：🉂

　　然后接着说："大家说的好像都有点道理嘛！特别是大家看出来了——孔子的'子'和败家'子'虽然是同一个字，但代表着好与坏不同的含义呢。据我所知啊，这个'子'字在甲骨文中大概就是这个样子（指着黑板上的小人），像你们做广播操的样子，有头、身、臂膀，两条腿并起来的样子。在古时候，主要指儿女，现在也是的，儿子、孙子都是这个'子'，就是和'败家子'里的这个'子'一样表示儿女的意思。但是，'孔子''孟子''韩非子'这些'子'却是不同的哦。我记得咱们这篇课文下面的注释里面有解释，好像大家在语文课上学习《论语》的时候也曾了解过是吗？谁能给我们说一下'孔子'的这个'子'的含义啊？"

话音刚落，有的学生开始翻看书本，有的已经举起了小手要回答问题，我特意观察了一下刚才的那个"坏小子"，他坐在那里若有所思，就把他叫起来问道："看样子你已经想到了是吗？能和我们说说吗？"一开始他站在那里还不肯开口，后来他的同桌把课文推给了他，他拿起课本边看边说："孔子的'子'专指'老师或有道德、有学问的人'，是一种尊称。"

这时，我看着他开玩笑地说："虽然我也是你的老师，也挺有学问的哈，但我好像还不能被叫做'王子'吧，你说呢？""哈哈……""坏小子"和学生们都笑了起来，我接着又问："那孔子为什么会被尊称为'子'呢？"这时我播放了PPT上关于孔子儒家思想介绍的史料，学生们也开始认真思考起来……

其实，教学往往需要契机，但也难得到合适的契机，需要靠我们及时捕捉、因势利导，"坏小子"的"异语"就是一个很好的教学契机，可以发挥历史学科的价值引领作用。在原本的教学预设中，是让学生理解在中国古代春秋战国时期，孔子、老子等杰出思想家的主要成就；此时，利用课堂中间忽然冒出来的"败家子"，进行巧妙的引导，可以让学生更加感性地认识到"子"有好也有坏，而能被后世所称颂的诸子是因为其贡献卓著、影响深远，进而更加注意"诸子"的"作为与成就"，而不是单纯去看"子"的字面意思。同时，也解决了在讲到"老子"思想的时候，会面临学生一提到"老子"就开始玩笑等类似的问题。借力"异语"，学生不会感觉是老师强行要自己学习并接受书本的知识，而是与老师一起把问题弄清楚、想明白了；从嬉笑到认真，从质疑到认同，从被动到主动，无形之间提高了学习素养，也拉近了师生间的情感距离。

所谓"亲其师，信其道；尊其师，奉其教；敬其师，效其行"，面对学生的"异语"，无论是无视它，还是把它当成一个错误去批评教育，虽然能展示老师的权威，但其实都在是老师和学生之间建立起一道无形的隔阂，虽然课堂会按预设进行，但埋在师生心底的隔阂却仍旧横亘在那里。恰到好处的"异语教学"，我们要做的是借力"异语"，寻找一个契机，在老师和学生之间建立起一种心灵感应，用知识和智慧去营造与学生沟通、理解、亲近的心灵桥梁，用乐观积极的心态，去消除隔阂，使学生敢于亲近老师，乐于亲近老师，愿意在老师的引领下学习知识和做人的道理。

二、 异语教学塑造健全人格

近几年，抗战题材的影视剧很多，对我们的历史教学也会产生一些影响。七年级学生还没有正式学习抗战历史的时候，对日本侵华战争都或多或少有一些了解。犹记得，七年级时有一次讲到隋唐时期，日本向中国派遣"遣隋使""遣唐使"以及大批留学生和留学僧主动学习中国文化的时候，也发生了一个课堂"异语"事件，给我带来了极大的触动。课堂上，一个平时表现很不错的小男生忽然大声对我说："老师，日本人不好，弱的时候到中国来学习，强的时候就来侵略我们！"他周边的几个同学也开始交头接耳："就是啊，日本人真坏，就不应该让他们来学习！""学习了中国先进的文化，还来侵华，真不要脸！"孩子们越说越气愤。

我心里"咯噔"跳了一下，他们敢于说出自己的想法，是信任老师，但他们这样的想法恰恰说明这个年龄段小孩子的是非观是很简单的，对与错、好与坏都是在一个点上去判断，还不会辩证地进行分析，综合发展地进行判断。略微一思索，我平静地说道："从隋唐、甚至从汉朝开展，来中国学习的是日本人；近代来侵华的也是日本人，虽然都是日本人，但是同样的人吗？"边说边在黑板上画了一个"人"字：ㄟ"近代史上，日本发动对中国和亚洲其他国家的侵略战争，是日本的错，他们也为此付出了代价，但是大家也注意到了，日本从迫切地需要向中国学习，到有实力发动侵华战争，发生了很大转变，那么这种转变是怎么发生的呢？"

这个问题有点难度了，只见学生们你看看我，我看看你，不知道该怎么回答。我解释说："在古代，日本被蔑称为"倭国"，其自知落后，仰慕中华文明，于是，挑选精英才俊作为遣唐使乘着木船、不惜万般艰辛、九死一生来学习当时先进的中国文明。我们先来看看遣隋史、遣唐使历尽艰险来到中国学习了什么，对日本产生了什么影响吧。"

说到这里，我环视了一下班级，孩子们若有所悟，一个个竖起耳朵开始认真听讲。在出示了相关史料后，我接着问："大家先根据材料说说看遣隋史、遣唐使回到日本后，日本发生了哪些变化？"

学生们依据材料回答道：遣隋史、遣唐使把中国的典章制度、天文历法、书法绘画、建筑艺术以及生活习俗等带回本国，对日本的生产、生活和社会发展产生了广泛的影响……

我看着时机差不多成熟了，说道："日本史研究专家赖肖尔曾说：'日本通过模仿中国而从一个落后的部落地区一跃成为文明世界的一个名副其实的成员。'后来，在19世纪中叶，日本又积极地向欧洲学习，一跃成为亚洲第一个走上资本主义发展道路的国家。但反观近代的中国，因闭关锁国，夜郎自大，而日渐衰败。从这样的对比变化中，我们可以反思些什么吗？"

我观察到，第一个引起话题的小男生，正紧锁着眉头思考着，其他的孩子们也都鸦雀无声，慢慢思索。一会儿，一个小姑娘举起了手，站起来说："日本人的遣隋史、遣唐使来中国学习，说明那时中国非常强大，日本为了发展自己向中国学习；后来日本侵华，说明我们国家已经落后了，我们不能只想着日本人是好是坏、是对是错，更应该想一想我们从中可以吸取的经验教训。"

小姑娘一般心思比较细腻，她抓住了我想引导孩子们领悟的内容，我点了点头，继续用平静的声音说道："孩子们，历史是发生和发展的，我们知道、学到的，都只是其中很小很小的一个点，需要我们理智，清醒地加以思考和判断。历史需要铭记，历史更需要反思。近代，日本侵华是错就得认；日本的发展经验中可以借鉴的，我们也需要学习，不是吗？不同时期的日本人，我们不能一概而论，也不能割裂看待，要知道你能看到多远的过去，你就能看到多远的未来……"

我希望通过这个此"人"非彼"人"契机，在学生们的心里面埋下两颗种子：一颗"唯物史观"的种子、一颗"家国情怀"的种子。也许当时他们对我所说的观点可能懵懵懂懂，但以后再思考问题会不会更加理智一些？全面一些？在他们价值观的形成过程中是不是可以起到一起启蒙的效果呢？这也许就是这次"异语"所带来的机遇吧。

三、 异语教学聚焦立德树人

在教学过程中，学生的"异语"貌似无意，其实可以反映出其内在的、真实的学习态度和价值观念，我们教育学生的出发点是"立德树人"，课堂的"异语"如果被利用得恰到好处，可以成为一个新的教育契机，而这种契机不仅是难得的教育资源，更是一个可遇不可求的教育机会，非常容易使学生产生情感上的认同和心理上的共鸣。在这种突发的教育契机到来之际，如果能及时抓住并加以巧妙而有效引导，也许会收到常规教育或预设课堂所难以达到的教育和教学效果。通过借力课堂"异语"的事件，我受到了极大触动，也获得了很大的启发：

"异语教学"要随"心"而动，这里的"心"是指学生的心理变化。课堂"异语"可以被看作是学生心理变化的一种外显，是学生无意间给老师发的一个信号，这个信号也许就是一个教育契机。如果没有抓住就会稍纵即逝，师生间错了过了一个沟通交流的机会；如果抓住了这个契机，老师接收到了这个信号，并理解其背后隐含的信息，加以巧妙而有效的引导，会在师生间建立起一次心灵感应，及时对学生进行有针对性和启发性的引导与教育，则可以达到事半功倍的效果。

"异语教学"要随"新"而变，这个"新"主要是指教师因为突发情况而抓住的新契机、创设的新机遇。正如沪上名师李惠军老师提出的那样，历史学科的教育教学应追求恰逢时机、恰到好处、恰如其分地让思想的游走与灵魂的跃动和历史的意蕴"无痕链接"。借力课堂"异语"这一机遇，恰到好处地进行讲评与点拨，恰如其分地进行启发与引导，在孩子们心底埋下真善美的种子，静静地等它生根发芽，慢慢地涵养科学的世界观、人生观和价值观。

"异语教学"要随"馨"而行，这个"馨"指的是温馨、和谐的师生关系。课堂"异语"，意味着不同的声音，有时甚至可以被看作是对老师的挑衅、对师生关系的一种考验。借力课堂"异语"，运用灵活多变的策略，以爱心、耐心与慧心进行化解和疏导，构建温馨、和谐的师生关系，可以让学生保持积极、饱满的情感状态，形成良好的学习态度；同时，也可以让教师对自己的教育教学活动充满成就感和幸福感；让教育教学过程不仅成为教授知识的过程，成为师生情感交流的过程，更能成为塑造学生身心的过程。

　　总的来说，"异语教学"是挑战也是机遇，在教育教学过程中，我们要善于抓住这一教育契机，用知识与智慧、爱心与慧心创设新的机遇，对学生进行有针对性和启发性的引导与教育，营造沟通、理解、亲近的心灵桥梁，形成温馨、和谐的师生关系，帮助学生养成健康的审美情趣，确立积极乐观、坚韧向上的人生态度，形成科学的世界观、人生观和价值观。

（撰稿者：王皓）

创意 1-4

串联教学：用习题设计激活灵动思维

　　"串联教学"是在教学过程中，通过运用同一背景不同结论、同一图形不同题设、同一题设不同设问等进行变式性、开放性、启示性例题与习题的设计，将知识内容系列化，以激发学生灵动的思维，挖掘问题的本质、总结内在的规律，从而促进知识的理解。"串联教学"在透析问题变化的本质、拓宽学生思维的空间、理清知识内容的逻辑等方面起到积极作用。

　　在实际学习中，对同一个数学问题，每位学生的理解程度不同；不同的习题呈现形式，考查学生的数学能力也不尽相同。然而，习题设计是课堂教学的重要组成部分，是运用新知识解决实际问题的体现。"串联教学"旨在通过"一以贯之"的变式性、开放性、启示性习题设计，缩小这种差异，促使学生掌握系统的数学基础知识和基本技能，是培养学生数学素养、发展思维能力、促进数学理解的主要手段。

　　笔者以沪教版七年级数学《等边三角形》课堂习题设计为例，通过对书本例题及课后习题的设计与改编，阐述如何借助"一以贯之"几何习题设计的串联教学来促进学生的数学理解。

一、从"静态"到"动态"，串联变化的本质

　　数学知识的教学是从一个问题上入手的，使用比较、联想和特殊化等思维

方式，分析问题的实际发展与变化，让学生发现问题的本质。在几何教学中，从"静态"到"动态"变式性设计习题，串联图形变化的本质，会扩大学生的思维空间，促进其对数学知识的理解。

在七年级教材《14.7 等边三角形》中，书上的例题及习题如下：

例题：如图（1），在等边△ABC 的边 BC 上任取一点 E，以 CE 为边向外作等边△CDE。联结 BD、AE，试说明 BD＝AE。

笔者本着从"静态"到"动态"的习题设计理念，将本节课的例题及习题改编如下：

例题 1：如图（2），已知△ABC、△DCE 都是等边三角形，△DCE 绕着点 C 进行旋转，当旋转到 B、C、E 在同一直线上，联结 AE、BD，BD＝AE 的结论还成立吗？试说明理由。

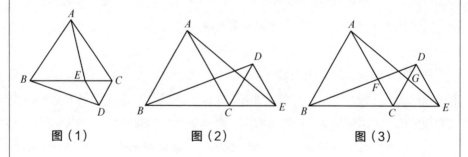

图（1）　　　　图（2）　　　　图（3）

◆ **变式：**如图（3），已知 B、C、E 在一直线上，△ABC、△DCE 都是等边三角形，联结 AE、BD，若 AC 与 BD 交于点 F，AE 与 CD 交于点 G。

（1）图中还有其他全等三角形吗？

（2）联结 FG，还有新的结论吗？

设计意图　本题设计与原来书本上的例题异曲同工，都属于"共顶点的两个等边三角形"问题，只是把原题的"静态"图形变成了"动态"图形，而实际应用的解题策略相同，都是应用等边三角形的性质，得到三边、三个内角相等，再利用"SAS"判定 $\triangle BCD \cong \triangle ACE$（"旋转型"全等），从而得证结论 $BD = AE$。不同之处在于"较小等边三角形的另两个顶点位置不同"，一个在较大三角形共线的边上，一个是在共线边的延长线上，是图形的"动态"所致，但问题的本质并没有改变，可见"静态"到"动态"的习题设计更容易引导学生发现变化的本质。

◆ **课堂练习（书上的课后练习）**：如图（4），已知$\triangle ABC$是等边三角形，点 D、E、F 分别在 AB、BC、CA 上，且$\angle 1 = \angle 2 = \angle 3$，$\triangle DEF$是等边三角形吗？试说明理由。

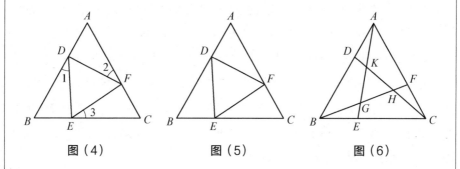

图（4）　　　　　图（5）　　　　　图（6）

变式1：如图（5），已知$\triangle ABC$是等边三角形，点 D、E、F 分别是 AB、BC、CA 上的动点，且 $AD = BE = CF$，顺次联结 D、E、F，则$\triangle DEF$是等边三角形吗？试说明理由。

◆ **课后拓展习题：**（1）课堂练习题的变式2：如图（6），已知$\triangle ABC$是等边三角形，**点 D、E、F 分别是 AB、BC、CA 上的动点**，且$AD = BE = CF$，AE、BF 相交于点 G，BF、CD 相交于点 H，AE、CD 相交于点 K，$\triangle GHK$是等边三角形吗？试说明理由。

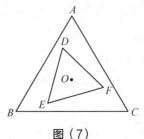

课堂练习题的变式 3：已知：如图（7），点 O 为两个等边三角形△ABC 和△DEF 的对称中心，将△DEF 绕着点 O 旋转任意角度，联结 AD、BE、CF，请探索 AD、BE、CF 三条线段还相等吗？试说明理由。

◆ **课后拓展习题：(2) 例题 1 的再变式：**

已知△ABC、△DCE 都是等边三角形，联结 AE、BD，将△DCE 绕着点 C 旋转到任意位置，BD 与 AE 还相等吗？请画出有代表性的图形。

图（7）

设计意图　本环节的练习及变式在例题的基础上进行了"升级"，原来是"共顶点的两个等边三角形"，现在变式为"不共顶点的等边三角形"，由原来的"绕等边三角形一个顶点旋转"到"绕等边三角形的对称中心旋转"，因此课后习题与例题是相关、有联系的，不是独立的，实则是"静态"到"动态"的习题设计。课后拓展习题（1）的变式 3 和拓展习题（2）又将原来的"静止图形"演变到"运动图形"，对原图的特殊性质进一步挖掘，培养学生图形解析能力，渗透"变中不变"的统一思想，从而促进学生对数学知识的理解与应用。

二、从"封闭"到"开放"，串联思维的空间

数学教学过程中，从"封闭"到"开放"设计习题，合理、恰当地引进开放性问题设计，能够全面激发数学思考，串联数学思维的空间，更好地反映高层次思维，从而提高学生的概括能力和迁移能力。

在《14.7　等边三角形》的课后练习中，精心设计了开放性习题（如上）。课后拓展习题又分别对课堂练习题和例题 1 再一次进行变式，使其变成开放性的题目，在原题题设上进行引申，在原题结论上拓广。课后拓展习题（1）由"共顶点的旋转型全等"拓展到"不共顶点但共对称中心的旋转型全等"，再到

"旋转任意角度"的结论探索。这样的开放性习题设计，能够激发学生深度思考，深刻挖掘图形的内在性质及变量之间的关系。由一题变多题，引导学生将问题步步深化，克服思维定势，开阔思路，培养他们发散性思维能力，提高思维的敏捷性和解题的灵活性。

三、从"已知"到"预知"，串联内容的逻辑

数学习题设计应抓住新课与新课之间的联系，让知识模块与模块之间形成整体，这是提升学生知识串联能力的有效做法，也是新课程标准中基于单元教学作业设计的有力践行。从"已知"到"预知"设计习题，是串联知识内容的一个有效载体。简单地说，从"已知"到"预知"的串联习题设计有利于学生通过已经掌握的知识，融会贯通之后联系其他各类知识，在现有知识和需要学习的知识之间形成一种正迁移。数学知识具有连贯性，教师在一堂课结束之前提出下阶段知识相关、衔接数学内容的启示性习题，即在新旧知识的衔接点上设问，激起学生探求新知的欲望，从而培养学生的知识串联能力。比如，在前一节课《14.6（2）等腰三角形判定》作业中，就布置了思考题："如何将一个等腰三角形纸片剪成一个最大的等边三角形？"数学课，让学生带着问题来走进课堂，带着问题来思考，更要让学生带着问题走出课堂，引导学生将学习活动向课外拓展。

总之，"串联教学"需要准确把握以下"三性"：

一是变式性习题设计要注意梯度性。在初中数学中，很多几何题目都可以进行变式，但是教师在变式性习题设计要注意梯度性。习题设计要兼顾不同层次的学生，要层层递进，应紧紧围绕课程标准和后续学习的需要，要尽量贯穿课时或章节知识的始终。

二是变式性习题设计要注意多样性。习题设计要注意思维的"宽度"，即解题的多样性。在进行变式性习题设计时，首先要有"对象"，即合理的、严密的、可变式的习题。教师要重视例题库的建立，尽量采用经典的例题为学生讲解知识串联的应用，引导学生学会发现题目隐含的知识点或已知条件，并进行转化和利用，最后解决问题。其次，抓住关键"元素"，可借助现代教学技术进

行适当的改编。

三是开放性习题设计要注意适度性。对开放性问题进行"开放度"的把握和引导，"开放"多少，"开放"多深，要基于学生的知识基础、思维能力以及教材内容等方面，开放性不等同于难度高。特别地，在同一堂课内，教师尽量设计同一背景、不同呈现形式的习题，让学生在熟悉的背景中感知内在的区别与联系，从而促进理解。

"串联教学"的"一以贯之"习题设计，即精心设计例题、习题，让整堂课教学连贯、思维连续，让不同课时之间融会贯通。在教学过程中，教师合理设计"一题多解"、"一题多变"、"一法多用"等典型例题，不但能提高学生的学习兴趣，拓宽学生的解题思路，更有助于学生发散思维和知识串联能力的形成，促进其对数学知识的理解与掌握，从而提高教学的有效性。

（撰稿者：李百勉）

创意 1-5

启悟教学：让学生在课堂中领悟思想方法

"启"是开导，"悟"是领悟。"启"落实在课堂教学中就是教师的点化之力，"悟"是学生在学习过程中因"启"而获得的领悟与提升。通过教师的"启"，唤醒学生的已有知识，建立新旧知识的联系，让学生获得新知识的"悟"。在"启"的过程中让学生"悟"到思想方法。

实施启悟教学，就要培育"学习动力型课堂"，实现教学管理、教师教学和学生学习高效。通过教师的"启"，让学生感"悟"转化思想在几何图形中的运用，使其主动参与，使学生在自主学习中探索解决问题的策略，真正在数学方法、数学思想方面有所发展。

《梯形的面积》是沪教版五年级数学第一学期第五单元"几何小实践"的内容。这部分知识是在学生认识了梯形的特征，经历、探索了平行四边形、三角形的面积计算的推导方法，并形成了一定空间观念的基础上进行教学的。在学习平行四边形面积和三角形面积时，学生掌握了数方格的直观方法以及拼摆、割补转化的方法，为探索梯形面积的计算积累了思维经验。本节课要求学生利用已掌握的方法，将梯形转化成我们已经学过的图形来计算它的面积，让学生在主动参与探究的过程中，发现并掌握梯形面积的计算方法，实现对新知识的自主构建，发展空间观念。根据教材安排，我把《梯形的面积》分成 2 个课时，第一课时探索并掌握梯形面积的计算公式，会正确计算梯形的面积。第二课时主要解决利用梯形的面积公式求有关数据。

学生在三年级数学第一学期第五单元已经学习了《长方形与正方形的面积》，并在同册第六单元"整理与提高"中学习了《它们有多大》，学生对求不规则图形面积的计算已掌握了分割、添加等方法。在学习本课之前又系统地学习了平行四边形与三角形的面积的计算方法，对于平面图形直观感知和认识已有了一定的基础，不仅掌握了一些基本图形面积的计算方法，而且感受了几何图形中的数学转化思想。学生很容易就会利用两个完全相同的梯形转化成平行四边形的面积推导出梯形的面积公式，而用一个梯形推导出梯形的面积公式对有的学生来说，会有一定的难度，本课的学习是为了进一步提高知识的综合运用能力。

一、创设谈话情境，启故悟趣

启故是指利用谈话情境唤醒学生的生活经验和已有知识，悟趣是指学生通过谈话情境，引起学生知识的共鸣，使其主动地投入学习中。在《梯形的面积》教学中，上课伊始，教师就找准"知识的最近生长区"，根据学生的生活经验和已有知识，从谈话引入："我们已经学习了哪些平面图形的面积计算，你们还记得计算公式么？""我们在研究平行四边形的面积计算公式时，是怎么推导出来的？三角形呢？"根据学生回答，提炼出"转化图形——找新旧图形之间的联系——最后推导公式"这一方法。通过复习平行四边形和三角形面积公式的推导过程，不但吸引学生的注意力、激发学生主动学习的兴趣，还唤起学生的旧知，使新旧知识的联系得到了沟通，为新知迁移做好准备。

二、提出情境问题，启问悟源

启问是要启发学生的问题意识，教师通过问题引导学生利用已有经验和知识来解决问题，启悟课堂是通过探究问题来启发学生在自主研究、合作探究中获得知识建构和能力的提升。悟源是指学生在自主探究、动手操作中感悟到知识的本源。通过生活情境抛出了三个问题："梯形有哪些特征？""你猜想梯形的面积可能与什么有关？""你想怎样推导出梯形面积的计算方法？"为学生指明了思考的方向。学生把自己的想法用自己的语言表达出来，是对转化思想最好的诠释。让学生经历"猜想—验证"的一个过程，这个过程也是学生主动参与知识探索的过程。启发学生运用已有的知识，大胆提出猜测，激发学生探究新知识的欲望，又使学生明确了探究的目标与方向，同时明白猜想是否正确还需用科学方法进行验证。这样不但体现了学生的主体地位，还让学生真正经历知识的形成过程。

三、 开放探索空间，启构悟联

启构悟联是指启发学生领悟新旧知识之间的联系，通过转换的思想把梯形转化成我们已经学过的图形，将新知识与已有的旧知进行整合，理清两者之间的关联，学会新的知识。学生对于经过自己的探究所"悟"出的知识会终身难忘。教师在学生探究时，既放得开，又能收得拢。说放得开，是让学生进行自主探究，学生探究出两个完全相等的梯形可以转化成我们已经学过的平面图形，通过对已知平面图形的面积公式推导出梯形的面积公式，还探究出利用一个梯形，通过割补把梯形转换成我们熟悉的平面图形，再利用乘法分配律最后推导出梯形的面积公式。这样大胆放手后，学生对多种方法各抒己见，不但给学生提供一个展示不同方法和想法的平台，而且使他们在交流与展示中相互得到启发，互补知识缺陷，还通过实际操作、互动交流，启迪学生深思，引发争论，并碰撞思维火花，这样学生就经历了一个学习再创造的过程，使学生创新思维得到更好的发展，为学生营造了良好的探究氛围。

放得开是探究的基础，那么收得拢就是探究的关键。在学生探究出多种方法后，教师追问："这些方法虽然操作过程不同，但是同学们一定感觉到它们之间是有共同点的，谁来说一说共同点是什么呢？"学生通过对多种方法的比较，找出他们的共同点，进一步归纳提升，让学生在比较过程中找到内在联系，学生恍然大悟，原来都是用"转化"的思想推导出梯形的面积计算公式，在思维的碰撞中使转化这一思想形象化、具体化，使学生的数学素养得到提升。而整个探究活动让学生经历了从猜想到验证、从个例到一般的推理过程，提高了学生归纳推理的能力。梯形面积的学习进一步为学生学习组合图形的面积打下基础，促进学生类比推理能力的发展。对于梯形面积的计算公式的推导，需要与平行四边形、长方形及三角形的面积公式建立联系，引导学生用自己的语言描述二者之间的联系，从直观操作到探讨关系，初步发展了学生的演绎推理能力，提升学生核心素养。

四、 解决实际问题，启思悟理

启思，就是启发学生的思考。悟理，就是让学生去悟数学思想，通过练习，在掌握数学知识的同时去感悟其中隐含的数学思想方法。在《梯形的面积》教学中，最后一题是解决实际问题："有一堆圆木，摆成下图形状，该怎样计算圆木的根数？"学生通过观察发现这一堆圆木可以被看成一个梯形，把最上面一层的数量看成上底，最下面一层的圆木数量看成下底，而高就是一共有几层，利用刚学过的梯形面积就可以求出圆木的根数。练习设计由直观到生活，层层深入，将计算和解决问题紧密连在一起，使学生的实际应用能力得到了锻炼，进一步拓展了学生的空间能力，对所学知识有更深刻的体验。

总而言之，启悟教学以教师的"启"，让学生通过自主探究、小组合作、分析讨论等活动过程，感"悟"深刻体验——把梯形转化成已知的平面图形再进行计算，教学安排层层递进，学生思路逐渐开阔，在渗透数学思想的同时也培养了学生的素养。

（撰稿者：阮清清）

创意 1-6

深度教学：让学习者触及问题的核心

深度教学是触及学生心灵深处的对话式教学。立足于真实情境的问题解决，让学习者在真实情境里，通过自主探究，迁移所学知识，解决实际问题。深度教学是引导学习者建构意义的理解性教学。引导学生根据具体问题，独立思考、自主判断，去发现新问题、提出新观点、探寻新规律。深度教学是促进学习者持续建构的阶梯式教学。阶梯式的探究活动为学习者提供支架，让学习者在问题的引导下一步步深入学习。

在数学课堂教学中，教师要注重数学知识的形成过程，让学生进行深层次思考，给学生提供深度学习的机会，让学生体会到学习数学的乐趣。笔者以沪教版二年级数学第一学期第四单元"乘法、除法（二）"中《7 的乘除法》一课为例。在"乘法、除法（一）"单元，学生已经初步掌握了乘法和除法的含义，学习了"10、5、2、4、8"的乘法口诀，已经能够运用学习的口诀计算一位数乘一位数以及相应的除法，能够应用乘、除法解决简单的实际问题。由于学生在前面的学习中，对编乘法口诀和用乘法口诀求商的方法已经基本掌握，因此，教学中要留给学生大量自主学习的空间，直接让学生自主探索编出口诀和求商的方法，让学生多动手、多动脑。深度教学需要教师基于数学知识的本质，注重研究活动细节，深入教学的每个环节，时刻关注学生的学情与认知变化，有针对性地调整教学设计，使教学符合学生的思维发展规律，从而不断地提升学生的认知水平，完善学生的认知结构。深度教学中要抓住教学的本质和过程，以学定教，因势利导，促进学生深度学习，在深度教学中提升学生的数学素养。

一、创设情境，激活经验

贴切生活实际、教学实际的真实有效的教学情境会让学生轻松地学会知识，知识坚冰将在学生高涨的学习热情和所表现出来的聪明智慧中悄悄融化。学生的思维活动总是从"问题"开始，又是在解决问题中得到发展的。课堂提问是引导学生积极思维的导火线，对于发展学生智力、培养良好的思维习惯有十分重要的作用。因此，这就要创设真情境、触及真问题，激活已有经验，促进学生不断发现问题、质疑问题，再经过积极思考去解决问题。

环节一　从"7"说起

师：今天我们一起学习"7的乘除法"，先从"7"说起。7是个很特别的数，生活中有很多跟"7"相关的现象。（课件出示）

出示：

一个星期有7天。

……

师：处处留心皆学问，只要我们细心观察，就会发现生活中还有很多和"7"有关的现象。

出示：

1个七星瓢虫。

2个七星瓢虫。

师：数一数，共有（　　　）只瓢虫，（　　　）颗星。你是怎么算出来的？

生：1个七星瓢虫就是有1个7，算式 $1 \times 7 = 7$。

---

2 个七星瓢虫就是有 2 个 7，算式 2×7＝14。

出示：3 个七星瓢虫。

师：一共多少颗星？怎么算的？

生：3 个七星瓢虫就是有 3 个 7，算式 3×7＝21。

师：那么 4 个、5 个、6 个、7 个、8 个、9 个一共有多少颗星呢？请你算一算，说一说。

出示：1 只瓢虫，7 颗星。

2 只瓢虫，14 颗星。

3 只瓢虫，21 颗星。

4 只瓢虫，28 颗星。

5 只瓢虫，35 颗星。

6 只瓢虫，42 颗星。

7 只瓢虫，49 颗星。

8 只瓢虫，56 颗星。

9 只瓢虫，63 颗星。

师：让我们一边拍手一边念一念。再观察这列数，你有什么发现吗？

从 1 个 7 说起，到 9 个 7 相加，学生可以用加法，也可以根据乘法的意义，用乘法来解决。这里创设了真情境，激活了学生已有的知识经验，并利用已有的经验来帮助理解新知，引起学生的共鸣。课堂上找到学生学习的起点，即学生原有知识经验与今天学习主题的切合点，更好地满足学生学习的需要，从而提高学生的学习兴趣，吸引学生积极主动地参与学习。

环节二　7 的乘法口诀

师：我们写出了乘法算式，要想把乘法算得又快又准，就需要用口诀来帮忙。老师想请同学们自己尝试编口诀、记口诀、用口诀，有没有信心？

师：大家已经编过5、2、4、8的乘法口诀，对编7的乘法口诀肯定有信心。

师：谁来交流一下自己编的口诀？（板书）

生：一七得七。

师：你是根据哪两道乘法算式编的这句口诀呢？

生：根据 $1 \times 7 = 7$ 和 $7 \times 1 = 7$ 编的口诀。

生：二七十四，三七二十一，四七二十八，五七三十五，六七四十二，七七四十九，七八五十六。

师：（指着七八五十六）你是怎么编的？

生：因为两个因数是8和7，口诀习惯上把小的数放在前面，所以前半句是"七八"，后半句是"五十六"，口诀就是"七八五十六"。

师：观察得真仔细，口诀编得真好，表达得可真清楚。

师：经过努力，我们成功地编出了7的乘法口诀。

有了前面5、2、4、8的乘法口诀学习的经验，学生在充分理解7的乘法口诀意义的基础上，获得自主编口诀的学习经验应该是水到渠成的。突出了口诀的结构特征，渗透了模型化的思想。在此环节，笔者充分尊重了学生的主体地位和知识的起点。基于学生的真实基础，引导学生自己编写口诀，这个过程也是教师和学生共同学习、成长的过程。

二、 探究发现，深化理解

教学并不是简单地传递信息，知识的背后是思维。通过背诵记忆等方式对知识"简单占有"的学习属于浅层次学习。这种学习方式并不能使新知自动地融入原有的认知结构中去，更不能激发学生内在的兴趣。我们应该紧紧抓住数学知识的本质，通过深度教学将学生的关注点从单纯的"机械记忆"转到"理解识记"上来，在已有的认知结构基础上实现意义建构。通过深度教学将被忽视的学习过程巧妙、生动地再现出来。通过深度教学帮助他们透过知识看到知识背后的思维方式。通过深度教学激发他们的探究意识，培养探究能力，发展"数学的眼光"，锻炼"数学的思维"，学习"数学的语言"，从而提升数学素养。

环节 3　根据规律，记忆口诀。

师：齐读这 9 句口诀，你发现口诀的排列有什么规律？同桌互相说一说。

生：口诀的第一个数依次加一，一直到七，第二个数一样都是七。第八、九句口诀的第一个数是七，第二个数分别是八和九。得数依次增加 7。

师：为什么每句口诀的得数都比前一句多 7？

生：因为依次多 1 个 7，所以得数就会依次增加 7。

师：从上往下看，得数依次增加 7，那从下往上看呢，得数依次怎么样呢？用发现的规律记一记 7 的乘法口诀吧！

生自主记忆口诀。

记忆乘法口诀是学习乘法的重点，也是学生必须掌握的基础知识。但是记忆口诀的方法不应该是机械的，而应是有意义的。所谓有意义，既指要真正理解每一句口诀的来源和含义，也要在相关口诀之间建立实质性联系。让学生发现口诀的排列规律，就是引导他们从整体上观察口诀。根据已有的经验，进一步体验 7 的乘法口诀之间的联系，为接下来想到用相邻的口诀、熟悉的口诀帮助记忆做好铺垫。

环节 4　利用俗语典故，记忆口诀。

师：我们前面已经学过了 5、2、4、8 的口诀，那么 7 的乘法口诀中哪几句是没学过的？

生：一七得七、三七二十一、六七四十二、七七四十九、七九六十三，这五句没学过。

师：这五句口诀中哪几句口诀比较容易记住，哪几句口诀难记一些？对于这些难记的口诀，谁有比较好的方法介绍给大家？

生 1：一七得七容易记住，因为 1 个 7 就是 7。

生 2：三七二十一，六七四十二，七七四十九，七九六十三比较难记。

师：你们瞧，谁来了？孙悟空非常机智勇敢，就是性子有点急。（课件出示《西游记》图片和相关文字，并播放配音：我在太上老君的炼丹炉里待了七七四十九天，炼成了火眼金睛！取经的路上遇到妖怪，不管三七二十一，我拿起金箍棒就打……）好多小朋友笑了，你们发现了什么？对的，短短几句话里就出现了两句我们今天学习的 7 的乘法口诀。你们记住了吗？

师：六七四十二，七九六十三比较难记，谁有好办法？

生 3：记住七七四十九，6 个 7 比 7 个 7 少 7，所以六七四十二。

生 4：我们学过七八五十六，9 个 7 比 8 个 7 多 7，所以七九六十三。

师：很棒！我们可以利用相邻的口诀、熟悉的口诀来推算，帮助我们记住难记的口诀。请大家再一起来背一背 7 的乘法口诀。

通过联系生活俗语和神话故事记忆相关口诀，为学生学习数学增添了趣味性，有效地激发了他们学习数学的积极性和主动性。在有趣的互动和思维碰撞中，学生对于枯燥的口诀产生了兴趣，自然提升了对口诀的熟记程度。课堂氛围和谐、活跃，学生之间的交流、师生之间的互动，创造了彼此分享、提炼学习经验的重要资源。

三、 做活要点，提升思维

有效的课堂练习是教学五环节中的一个十分重要的环节，在练习时要做到有基础、有变式、有综合、有开发，只有做活要点，才能提升思维的高度，促进学生深度学习。教师要立足于教材和学情，创造性地设计对应的练习题，这些练习题要充分拓展学生的数学思维，使学生从不同角度思考和探索，达到学以致用的目的。

深度学习课堂重在凸显学科的本质，激发学生的学习兴趣，启迪学生的深层思考，促进师生的多维互动。让学生对同一问题独立思考、独立求证，在促进思维发展的同时获得成就感和快乐。只有将学生引向深度学习的深度教学，才是基于核心素养的教学。

环节 5　通过游戏活动，丰富学习体验。

1. 第一关：对口令。

三七（　　　）、七八（　　　　）、六七（　　　　）、七七（　　　　）、七九
（　　　）、四七（　　　）。

2. 第二关：快乐大转盘。

转盘圆心上的数字是 7，指针分别指向 1 到 9 的数字，请小朋友们快速说结果。

3. 第三关：登山夺旗。

今天，我们要来登山夺旗。这座山好高呀，我们先来爬到半山腰。

$6 \times 7 =$　、$3 \times 7 =$　、$63 = （　　　）\times 7$、$49 = （　　　）\times 7$、$42 \div 7 =$　、
$56 \div 7 =$　。

4. 第四关：应用大挑战。

练习一：每只七星瓢虫壳上都有 7 个黑点，3 只七星瓢虫壳上共有多

少个黑点?

练习二:7只麻雀停在地上,56只麻雀停在电线上,停在电线上的麻雀是停在地上的几倍?

练习三:7支玫瑰扎成一束,下面的玫瑰总共有几束?

在"闯关"的过程中,学生运用所学知识解决数学问题,拓展数学思维,感受7的乘除法的应用价值,也巩固和深化了7的乘法口诀知识模型的建构。基本练习环节,首先通过"对口令"和"快乐大转盘",借助游戏来加强学生对乘法口诀的记忆,帮助学生弄清楚口诀与乘法算式的对应关系。之后"登山夺旗"的口算练习,不仅是必要的基本技能练习,也帮助学生弄明白口诀与乘除法算式的对应关系。最后的综合练习环节呈现的实际问题,帮助学生进一步熟悉乘除法实际问题的结构和数量关系,积累分析和解决问题的经验,提高解决问题的能力。

由于前面学习经验的积累,学生对于乘除法的数量关系是非常清晰的。应用环节,乘法口诀有了多维应用,提过了更加广阔的思维空间。乘法口诀不仅扮演着数学计算工具的角色,还是学生在课堂学习中自主发现和探究的契机与重要载体。本课中学生在经验的激活中自主编写7的乘法口诀,在发现规律中理解口诀,在解读品味中深刻感悟口诀,在应用中不断深化口诀。学生不仅对乘法口诀的结构有了更深刻的认识,而且在自主探索和研究反思中提升了数学素养。课堂处在和谐的氛围中,学生感受着数学的魅力,体验着发现的乐趣。

总之,通过深度教学激发学习者的探究意识,培养探究能力,发展"数学的眼光"，锻炼"数学的思维"，学习"数学的语言"。让学习者触及问题的核心，通过自主探究，迁移所学知识，解决实际问题。让学习者根据具体问题，独立思考、自主判断，去发现新问题、提出新观点、探寻新规律，让学习者在问题的引导下一步步深入学习。

（撰稿者：郭露倩）

第二章

让每一个心灵澄澈明亮

课堂教学要把握知识之间的内在联系，创设适宜的问题情境，适时地提问，相机引导并适当放手；要充分调动每一个孩子学习的主动性和积极性，寻找有效方法；引导思维由浅入深，使孩子们进入深度思维，让课堂教学具有蓬勃的生命力，让每一个心灵澄澈明亮。

"澄澈"本义为清明、透明，同澄彻，与浑浊相对，在《现代汉语辞典》中有三个释义：水清见底；清亮明洁；明白。胡适先生的《费氏父子的学说》一文中提道："费密作《孙徵君传》，只说：'其学以澄彻为宗，和易为用。'"这句话也指出学习要保持精神心灵清明澄澈。孩子的学习是获得顿悟、理解，由混沌变得清澈，体会习得的幸福，每一个心灵都闪耀着澄澈明亮的思维光芒的过程。

　　学生的心灵在主动性和参与性被充分激发的时候更加澄澈明亮。当学生自身具有了主动性和积极性时，学生才会主动接触知识、运用知识，主动地去理解和记忆知识，他们的大脑以一种蓬勃的热情和充满"干劲"的精神，充分地发挥着自己的才智。这样的课堂中，也要求教师们在教学中，通过不同的思维途径，采用多种解题方法解决同一个问题，不仅能激发学生的兴趣，更能开拓学生的思路，提升学生的思维品质。

　　让课堂中的每一个人都具有澄澈明亮的灵魂，不仅是让孩子们沉浸其中，课堂的主导者——老师们，也应具有澄澈明亮的灵魂，引导着学生们一起打造着智慧闪耀的灵动课堂。在充满灵动的课堂里，老师侧重于沟通知识之间的内在联系，善于创设适宜的问题情境，善于进行适时的提问，善于引导并适当放手，这些都是提升学生思维、寻找解题途径的有效方法；教师采用多种方法营造良好的教学氛围，引导学生有章法地快乐地学习，充分调动学生的学习主动性、积极性，培养学生愉悦的学习情绪，发挥学生的主体作用,使学生在快乐中动脑、动口、动手、愉快地探索，体会知识的独特魅力，让学习回归快乐的本真。

　　澄澈明亮的课堂，教学往往从问题开始，以问题为载体，以问题的解决为中心，引发和指导学生的思维活动，激发学生的深度思维。"问题串"的教学设计，使得学生在思考这一连串的问题时，根据自己已有的认知,利用由浅入深的问题串的过渡,思考也一步一步地由"浅"走向"深"。在这个循序渐进的思考过程中，学生分析问题的能力得到锻炼，深度思维的能力也得到开发与培养，这样的课堂才具有蓬勃的生命力。

在课堂中，通过充分了解学生，开发学生的天性，引导学生去触碰，多角度审视、多层次发现，定能逐渐改善、开拓学生的思维品质，激发学生的求异思维，培养学生的灵活性，让学生在课堂中体验学到知识、运用知识进而巩固并内化知识的乐趣，让师生的灵魂澄澈明亮，才是一节好课的所在。

创意 2–1

情境教学：让情感渗入深度体验境界

体验是一种具身学习方式，强调认知是通过身体体验及其活动方式形成的，是一种在亲身经历和实践过程中获得的独特感受。只有在学习主动性和参与性被充分激发的时候，学生才会主动接触知识、运用知识，从而达到知识记忆和理解的目的，以一个充满热情和"干劲"的课堂，成就一群激发才智的学生。

体验式学习使语言学习的过程转变成一种创造运用语言的体验过程，在互动中交流，既能激发学生的学习兴趣，又能提高学生的语言表达能力；既可以发挥优秀生的个性特长，又可带动学困生，让学生在合作中乐学、爱学、会学，体验到学习的乐趣。只有在学习主动性和参与性被充分激发的时候，学生才会主动接触语言、运用语言，从而达到知识记忆和理解的目的，继而达成英语学科核心素养所要求的理解与表达、语用与语感、文化与情感这三个维度。

以八年级牛津英语第六单元"Travel"教学过程为例：此单元话题内容围绕大家所熟悉的法国的几个著名景点展开，作为八年级的学生，学习不应该只停留在多认识了几个词汇、多学会了几个句型、多掌握了几个语法现象。而此单元的教学中恰恰有对学生学习策略与资源策略的隐性要求，通过本单元学习还要帮助学生形成中外文化的辨识、对比与理解能力，从而激发学生热爱祖国大好河山的情感，并感受旅游带来的乐趣。

一、 创设语用情境，活动体验乐学习

由于新教材内容丰富，贴近学生的生活实际。所以在教学当中我根据教学内容和目的，确定不同的教学方法，灵活地运用各种手段。在"Travel"语篇的预习作业中，我设置了 4 个选择题作业，实例如下：

1. Which one of these is the France flag?（设置包括法国国旗在内的四个国家的国旗图案选项）

2. What happened to the King of France in 1793?（设置选项：a. He sailed to America. b. He lost his head. c. He defeated the British.）

3. Which two of these sports are not very popular in France?（设置选项：a. cycling b. baseball c. tennis d. judo e. skiing f. football）

4. Which one of these drink is France famous for?（设置茶、可乐、红酒、咖啡等图片选项，讲台上摆放事先准备好的四种饮料，并在公布答案后给积极回答问题和回答正确的学生以选择其一品尝的权利）

通过上述活动，让学生在寻找问题答案的同时引导学生完成对语篇《France is calling》的预热和感知，并进一步了解一些法国的历史和风土人情，同时也激发他们参与英语课堂学习的兴趣，让他们积极参与并融入到教学活动过程中，真正成为课堂的主人。

此外，英语课堂适时插入英语歌曲、头脑风暴、小品剧、情景对话、即兴辩论等活动环节，引导学生眼、口、手、脑并用。既活跃了课堂气氛，又创设了语用情境，让语言学习不再枯燥、呆板、痛苦。

二、 优化教学手段，素材体验仿学习

在缺乏真实语境的情况下，语言学习相对于其他学科显得相对重复、枯燥、缺乏吸引力。因此，英语课堂上宜常运用多媒体技术为学生创造丰富的体

验，通过视听辅助和生动活泼的画面再现，使学生如身临其境，使语言的学习生活化。

"Travel"单元的教学过程中，我事先上网搜集了关于此单元内容的一些图片和音频资料，利用 Flash 软件做成动画集锦，学生可以点击感兴趣的景点图标，进入相关链接页面介绍，徜徉于音像结合的景点动画场景中，学生犹如亲临现场，体验一把画面游。像 abroad、destination、world-famous、landmark、tree-lined、scenic、castle、throughout 等词汇也很快被学生接受和运用，将本来枯燥的教学内容变得生动活泼、易于接受。

教材中，"Travel"单元的旅游话题谈到的是一些国外的风景名胜，大部分学生事实上是缺乏这方面的话题知识的，更没有亲身旅游的经历，背景知识的缺乏会影响学生的听力和阅读理解。通过上述教学手段的呈现，学生在一定程度上积累了背景知识和培养了听说能力。我"趁热打铁"，继续下一环节的教学内容，为学生创设课堂交际的任务情境。任务描述：以小组为单位，为一位大学生、一对新婚夫妇或一个三口之家制定法国两日游的个性化出行计划。呈现形式：小组制定计划，完成后与相关的"游客"进行交流。

此外还要考虑到，因为学生家庭背景的差别，更有学生不但没有国外旅游经历，甚至也缺乏国内旅游的经历。再加上学习水平的差别，这样这类同学就很难以口头或书面的形式介绍国内外旅游景点，可能难以达成教学目标或达成度不佳。针对这部分学生，我降低任务要求，只要求他们做简要介绍即可。当然，在学生交流旅游计划或攻略时，由于缺乏真实的生活体验，教师的指导和引导必不可少，加以多媒体手段的辅助，帮助学生更好地理解和表达。

三、 精心调配学生，合作体验慧学习

在英语教学过程当中常会出现基础薄弱和能力差的孩子，因为缺乏自信而惧怕课堂提问、默写作弊、回家作业抄袭等现象，为了帮助这些学生树立自信心和学习英语的兴趣，我在设计课内外活动时常采用小组合作的方式，并且进行强弱组合，明确任务，以任务驱动学习，培养学生的团队意识和合作精神。

如在阅读教学中，一些学生常常因为阅读材料出现了一些生词，就产生畏

难心理，这时如果让学生在小组里合作阅读会有一定的效果。在"Travel"单元的"More practice"环节中，语篇《The Leaning Tower of Pisa》中有许多本单元词汇表以外的拓展词汇。此时，如果采用"一刀切"的让学生自行阅读或教师解读的教学方式，都不利于学生自主学习能力的培养，也很难有效地达成既定的教学目标。我采用的方式是，将学生分为5人左右一组，每组根据学生的学习能力强弱穿插搭配，并给他们每个人分配具体的任务，学习能力稍差的学生负责查出这篇文章中拓展词汇的词意（平时要求学生的书包里常备《简明英汉词典》），学习能力中等的学生试着找出或归纳出这篇短文中每一段的主旨句，程度相对较好的学生则尝试用自己的话复述整篇短文的中心议题，要求每组学生在规定的时间内完成这些任务，并在组内交流、讨论的基础上再在班级内交流。这一系列的合作互动过程，既给予了学生沟通、发表自己见解的机会，又可以避免一些学困生借机会走过场，同时也可以充分调动每个学生的学习主动性。

组员间的互相交流和探讨，使一些语言学习能力相对较弱的同学及时地得到帮助，尤其可以促进学困生的学习，从而提高英语学习的效率。同时，也培养了学优生将自己内化的知识再次准确输出，用以帮助指导同学的能力。这样的学习活动培养了学生的合作能力和团队合作精神，让他们体验到合作共赢带来的欢乐之余，更教会了他们如何智慧学习。

四、 回归生活实际，实践体验真学习

语言的运用在生活中无处不在，教师应充分抓住这一点，把语言体验与语言教学有机地结合起来。上面提到课堂上"趁热打铁"让学生完成了制定旅游计划的学习任务，那么我给学生的周末作业就是：以小组为单位，选择家周边有特色的地方进行一次半日游，并学以致用，组员合作共同撰写一份此处的旅游攻略。

此外，每天课的"Daily Talk"中，让学生讲述上一周当中他认为最感兴趣的事情；或者结合当天的天气、节日谈一些相关的话题；或者课堂上让学习分神的学生用英语解释他在想什么；在每天的作业本上用英文写一些简单的批

语，再让学生在批语后面进行回复，以及让学生记英语周记都是一些很好的、可以随时和学生交流的机会。有的可以让学生事先准备，有的可以随机进行，教师适时地给予一些积极的评价和恰当的处理。通过不同时间、地点、人物的表达，区别英语中不同的时态和语态，学生既巩固了所学知识，又提高了语言运用能力；教师既拓展了英语课堂，又培养了学生的学习兴趣。

　　总之，体验式学习和传统学习方式各有长处，所谓"教无定法，只要得法"，前提是教师要充分了解学生学情，熟悉教材、挖掘教材，才能不断地发现教学契机，创设出符合学情的教学方法，让学生在不同的任务体验中学到知识、运用知识进而巩固并内化知识，真正体验到语言的魅力和学习语言的乐趣。

（撰稿者：赵微微）

创意 2-2

拓思教学：开拓解题思维的教学探索

启迪和开拓学生的思维是教学的目的之一。在教学中，通过不同的思维途径，采用多种解题方法，解决同一个问题，不仅能激发学生的兴趣，更能开拓学生的思路，提升学生的思维品质。拓思教学要求老师侧重于沟通知识之间的内在联系，善于创设适宜的问题情境，善于进行适时的提问，善于引导并适当放手，是提升学生思维、寻找解题途径的有效方法。

数学学科严谨缜密，数学问题灵活多变。开拓学生的思维、开拓灵活有效的解题途径，是学生深刻掌握和发现知识规律，积极有效解决数学问题的必然。小学数学教学中，通过不同的思维途径，采用多种解题方法，解决同一个问题，不仅能激发学生的兴趣，更能开拓学生的思路、提升学生的思维品质。在以培养学生核心素养为背景的当下，对教师的教学方式和学生的学习方式提出了新的要求：要求教师要能在教学过程中与学生积极互动、共同发展，同时还要注重培养学生的独立性和自主性，尊重学生的人格和个体差异，引导学生在思考的过程中大胆质疑，从而促进每一位学生的思维在广度和深度上的健康发展。下面笔者结合自己的实践，谈谈在"拓思教学"中通过开拓解题途径培养学生思维的几点思考。

一、"拓思教学"的意义与思考

启迪和开拓学生的思维是教学的目的之一。在数学教学过程中老师通过鼓励、质疑、设问、激发学生思维；多角度导向，开拓学生思维；破思维定式，活跃学生思维；使学生在数学学科的学习中获得开启科学宝库的钥匙。在拓思教学法的引导下，随着问题解决的深入开展，学生的思维品质会不断得以优化，问题意识慢慢形成，不仅善于多角度思考、多层次分析、正反考量、灵活解决问题，更喜欢发问、质疑，否定，形成自己的思维特色，数学核心素养将会根植在心中。"精心设计每个问题，力求孩子们在最短的时间内，掌握该掌握的知识，实现我们心目中的高效。"①

笔者觉得我们自己教书时间长了，往往会有一种不好的习惯，总觉得学生这也不会、那也不行，习惯包办代替，习惯强势引领，无形中抹杀了学生的思考激情，造就了学生的思维惰性。在实际课堂解题教学过程中，如果将原来数学题目中的已知条件进行变换，或者已知条件不变，将问题进行改变，或者也可能是已知条件不变，自行添加条件改编问题。② 采用多变的方式对数学题目或者数学例题进行多种方式的改编加工，让学生从不同角度、不同侧面进行考虑。小学数学教师在教学过程中，运用"拓思教学"的方式进行教学，不仅可以培养学生的多角度思考问题的能力，还培养了学生处理问题时灵活变通的能力，这便是对学生思维能力的一种提升。

二、"拓思教学"的应用举例

（一）精心编题，充分预设

思考题：一个三角形原来底边长 5 cm，现底边增加 1 cm，面积增加了 15 cm，问原来的三角形面积是多少？

给学生机会之前，笔者自己先做了充分的预设，进行了全面的考量。笔者

---

① 宗凯鹏，邹循东. 小学数学教师"一题多解"课堂教学的观察与思考［J］. 广西教育，2019（29）：94—95.
② 林海明. "一题多变与一题多解"在培养学生思维能力中的应用［J］. 当代家庭教育，2020（30）：187—188.

预设的方法从大的框架上有两种方案：①保守的顺向思维的思路。②巧妙的逆向思维。在这些准备的基础上，笔者坚信：课堂上肯定还会有意想不到的生成，但有了这些充分的预设，课堂上，笔者心里有数，从而处理起来内心笃定且游刃有余。

（二）巧设铺垫，用心倾听

笔者在题目分析讲解中一直坚持一个原则：教师做好铺垫，然后用心倾听，适当时刻给予引导。笔者坚信：给学生讲一百种方法，也不如学生自己讲解出来的一种方法。即使你一而再、再而三地重申自以为最简便的方法，学生还是会采用自己的那一套，因为我们教师提供的没有变成他们自己的，听懂了不等于真的会运用了。下面以一课堂片段为例：

课堂实录片段

老师：同学们，对于这道题，在老师没有讲解、你们也没讨论之前有同学有思路吗？

学生1：老师，我的思路是：原来的面积＋增加的面积＝现在的面积

老师：我们有多少同学能听懂理解同学1的方法？听懂的同学中谁能根据同学1的思路把该题的算式列出来？

学生2：因为题目中的三角形的高前后没有变化，所以都可以被设为 x，那么原来三角形的面积就是 $\dfrac{5x}{2}$，底边增加之后的面积是：$\dfrac{(5+1)\,x}{2}$，从而可以列出方程：$\dfrac{5x}{2}+15=\dfrac{(5+1)\,x}{2}$，然后解方程就可以了。

老师：请听懂的同学给这位同学掌声，他给我们提供了一个很好的思路。接下来请同学们尝试着自己解一下这个方程。

（三）适当放手，切换角度

不同的同学，是不同的个体，当然有着不同的视角。让学生自己琢磨、领悟、讲解，这样的经历才能让其把知识方法真正内化成他们自己的东西，教师也才能真正实现"开拓解题途径"教学法的最高境界。因此课堂上的"生成"比课前准备好的"直接给"要有效得多。

课堂实录片段

老师：同学们，老师更想知道，这道题还有没有其他同学有其他不同的做法？

学生3：老师，我们可以利用增加的三角形的面积先算出三角形的高，然后再根据三角形面积公式计算原来三角形的面积。

老师：这样说可能有同学听不明白，你可以把算式列出来给大家看吗？

同学3：像刚才那位同学一样，先假设三角形的高为 x，那么 $\dfrac{2 \times 15}{1} = 30$，所以三角形的高是30，所以原三角形的面积就是：$\dfrac{30 \times 5}{2} = 75.$

老师：同学们听明白没有，该同学利用逆向思维，推算出增加的三角形的高，巧妙借用增加的三角形的高，推算出了原来三角形的面积。来，掌声再次响起！同学们，老师还有个问题请大家思考：刚才我们两位同学给的两种方法，它们的区别在哪里？

学生：一种方法用了解方程，另一种方法没用。

老师：请大家再仔细琢磨：从思考问题的方向上，两种方法的本质区别在哪里？

学生：方法一是顺向思维，而方法二是反过来的。

老师：刚才同学的总结非常棒，两种解决问题的方法是两种不同的思考方式，一种是顺着题目条件找等量关系，而另一种是反向的，我们称其为逆向思维方式。两种方法不同，我们的感触当然也不一样，老师想知道，你们的感觉是什么样的？

学生：方法1好理解，但计算有点繁，方法二不容易理解，但计算却很简单。

老师：对比之后，我们发现，不同的方法各有优劣，我们可以根据自己的情况适当选择。

老师：方法2可能还有部分同学没有理解，下面给大家5分钟的时间分组合作，在研讨方法2的基础上，思考还有没有其他方法？

（5分钟后）

学生：原来三角形和增加后的小三角形，既然两个三角形的高相同，那么边长是几倍关系，面积就是几倍关系，利用底边的长度关系，就可以求出原来三角形的面积，也就是 $15 \times (5 \div 1) = 75$（平方厘米）。

在课堂教学中，如果我们从一个个问题出发，适当放手，通过拓展解题途径这一载体，引导学生去触碰，多角度审视、多层次发现，定能逐渐改善，开拓学生的思维品质，激发学生的求异思维，培养学生的灵活性。数学教学中"拓思教学"不仅可以沟通知识之间的内在联系，更是开拓学生思维的有效方法。爱因斯坦说："在科学上，每一条道路上都应该走一走，发现一条走不通的道路，就是对于科学的一大贡献。"数学教学与学习也是这样，每一个习题都是一个数学游戏，掌握了其中的规则，不仅能够玩转它，乐在其中，而且要敢于否定，敢于创新，自行设计新游戏，这些灵活的处理方法正是我们教学与学习价值的体现。

（撰稿人：周毕华）

体验教学：以感性认识激趣激思

体验教学是以学习者的感性认识为起点，产生与之相关联的联想领悟、思维提升，强调学习者在学习过程中的主观能动性，体现"以人为本"的教育原则。体验教学能激发学习者的学习兴趣，发展学习者的形象思维和情感思维，更能激励学习者站在学科的角度，分析、解决问题，促进学习者学科思维的发展。

体验教学是让学生从已有的实际经验出发，亲自经历实际问题的操作、理解等过程加深对知识的理解，从而提高教学效果。[①] 实验是提升初中化学体验式教学效果的重要载体，通过亲自体验化学实验的过程，学生既可以直观地观察到化学变化中产生的奇妙的现象，提高学习化学的兴趣，也可以借助于化学实验进行探究，提升解决化学问题的能力。初中化学实验从实验目的上来划分，可以分为趣味类实验、探究类实验、感知类实验、制取类实验等等。本文主要以《双氧水和二氧化锰制取氧气》的教学活动开展过程为例，通过学生体验以上几种类型的化学实验，促进课堂教学。

---

① 王文英. 体验式教学法在初中化学教学中的应用［J］. 甘肃教育,2020（14）:178.

一、 趣味实验引入，激发学生的学习热情

爱因斯坦曾经说过"兴趣是最好的老师"。作为一节课的引入，我们要牢牢抓住学生的兴趣点，可以用一些有趣味的化学小魔术引入。在《双氧水和二氧化锰制取氧气》这节课的教学引入环节中，我设计了网络上比较风靡的"大象牙膏"实验，向事先准备好的浓缩的双氧水与肥皂水的混合液中加入了一些碘化钾，立刻观察到大量泡沫状的物质像喷泉一样喷涌而出。学生们被这一现象震惊，都发出"哇！"的惊叹声，抓住这一兴趣点，教师可以追问：是什么化学物质产生了这么神奇的现象？现在的学生从网络上也涉猎到了很多的知识，个别学生可能会说出主要物质双氧水等，教师正好可以简述这一奇妙现象的原理：该实验运用了双氧水分解过程中产生大量的氧气，从而让肥皂水中的泡沫喷涌而出，从而吸引学生切入到本节课的主题中。

二、 探究实验设计，激活学生的思维能力

通过简单分析大象实验现象的原理，学生初步知道双氧水可以分解产生氧气，那么实验室能否选用双氧水作为原料来制取氧气呢？这个问题的解决需要通过学生设计实验来进行证明。学生实验准备：浓度约3%的双氧水溶液3 mL左右、酒精灯、火柴、试管。学生的实验操作：取约3 mL左右浓度3%的双氧水溶液于小试管中，并将带火星的木条伸入到小试管中。观察到的现象：带火星的木条并没有明显的复燃现象。当看到这一现象时，部分学生或许认为实验室不能选用双氧水作为原料来制取氧气，这时教师可以再次从大象牙膏的实验原料入手，并结合学生已经学习过的内容——氯酸钾制取氧气时需要加入二氧化锰并进行加热来进行引导，使学生主动思考：当我们用双氧水作为原料来制取氧气时，是不是也需要这些条件呢？学生的探究思维一下子被激活，他们可以从加热和加入二氧化锰这两个条件入手，设计学生实验来探究实验室用双氧水取氧气的适合条件。在实验设计的过程中，学生充分运用对比实验的方法，实验设计如下表（见表1），学生通过观察实验的现象，得出实验的结论：加热和加入二氧化锰都可以促进双氧水的分解。

表一：观察下列三组实验中带火星木条的复燃情况

第一组	3 mL 3％的双氧水溶液	常温	不加二氧化锰
第二组	3 mL 3％的双氧水溶液	加热	不加二氧化锰
第三组	3 mL 3％的双氧水溶液	常温	加入二氧化锰

三、 感知实验呈现，激醒学生的感官认识

　　学生在设计实验并进行实验过程中，通过观察实验的现象可以定性地判断双氧水可以作为实验室制取氧气的原料，只不过需要进行加热或加入二氧化锰来提高反应的速度。部分小组的同学从前面的实验探究可以感受到二氧化锰的催化效果更好，还有部分小组同学由于操作不当等原因，并不能准确地得出上述结论。面对这一问题，我们教师不能采取回避或者以偏概全的做法，而是要通过呈现客观数据的方式来让学生得出科学的结论。本节课的教学设计中，我采用了氧气传感器这一客观记录氧气含量的数字化仪器，读取电脑显示屏上以下三组教师演示实验的数据：（1）常温下，一瓶盛有 20 mL 3％的双氧水溶液的集气瓶中含氧量的变化。（2）加热情况下，一瓶盛有 20 mL 3％的双氧水溶液的集气瓶中含氧量的变化。（3）常温下，一瓶盛有 20 mL 3％的双氧水溶液和约一药匙二氧化锰的集气瓶中含氧量的变化。通过含氧量变化的具体数据及变化曲线呈现，学生更加确定地认识到实验室可以用双氧水和二氧化锰在常温下制取氧气。

　　确定制取氧气的原料后，我们可以进一步确定双氧水和二氧化锰制取氧气时的装置如何选择，尤其是如何从长颈漏斗的选择过渡到分液漏斗，不能只凭教师经验的传授，更要结合学生自己的感官认识。设计教师演示实验如下：向锥形瓶中加入一定量的二氧化锰，通过长颈漏斗加入浓度约为 5％的双氧水溶液。学生们可以观察到：大量气体瞬间产生，甚至会带着黑色的二氧化锰从导管中冲出，速度非常快。观察到这一现象，学生自然可以联想到：能否用一个可以慢慢加入双氧水的仪器起到控制反应速率的作用呢？这时，分液漏斗就应运而生了。

四、 制取实验实践，激增学生的操作技能

通过实验的探究，学生知道了实验室可以用双氧水和二氧化锰制取氧气，还知道了可以通过采用分液漏斗来控制反应速率。然后，学生们就可以用这一原料来实验室制取并收集氧气了，从装置的搭建、到原料的加入、到氧气收集的全过程，学生们必须亲自动手操作。在学生的操作过程中，暴露出了一些实验基本操作不扎实的问题，如：学生不知道如何将集气瓶中装满水；不知道在最初倒入双氧水时，分液漏斗必须处于关闭的状态；不知道怎么把收集满氧气的集气瓶从水槽中拿出来……这些问题的出现警醒我们"纸上得来终觉浅，绝知此事要躬行"，化学实验操作技能的提升不是靠老师来讲懂的，而是要靠学生真正动手实验，在实验的过程中不断纠正不正确、不规范的实验操作，进一步强化实验操作的基本技能。

总之，在初中化学教学的过程中，教师应当充分地认识到体验教学的重要性，充分利用化学实验等加强体验教学。当然，在运用化学实验进行体验教学时，绝不能告诉学生现象、理论、经验，纸上谈兵，而应当科学地进行化学实验教学的设计，有效地开展化学实验教学，让学生体验化学实验的过程，探究实验结论的由来。

（撰稿者：徐永琴）

创意 2 - 4

智趣教学：沉浸在入情入境的课堂之中

智趣教学的"智"，是指智力、智能与智慧的集中，强调以"思"为抓手，以"知"为地基，让学生掌握方法，集聚经验，在主动、积极的言语活动中发展能力，并转识成"智"。"趣"是兴趣、情趣与理趣的融合。智趣教学力求抓住课程中的"智趣因子"，通过以趣激趣、以智启智，打开儿童智慧学习的大门，形成智趣相融共生的教学生态。

智趣教学的目的是为了让语文课堂变得更加生动、有活力，让课堂充满情趣和智慧的挑战。而朗读一直是语文阅读教学的"重头戏"，是构建智趣共生语文课堂的重要内容和手段。它对促进学生对知识的理解和记忆、帮助学生积累词句、提高表达能力与思维能力，具有不可估量的作用。因此在日常的语文阅读教学中，教师要重视朗读活动的创建，要让学生充分地读，在读中整体感知，在读中培养语感，在读中受到情感的熏陶，在读中发展思维能力。

广大语文教师都认同朗读的重要作用和意义，因此课堂中书声琅琅的场景也时常出现。然而笔者在日常的教学中观察到：有的教师在读前没有明确的朗读要求，读时没有有针对性的指导，读过后也没有及时地评价和反馈；有的教师朗读教学指导方法单调、生硬、机械，只重声音模仿，不重内心体验，只重表层技巧，不重语言意境；有的教师认为朗读所追求的只是一种好看、好听的形式，朗读只是为了给课堂教学锦上添花。

　　笔者发现这样的朗读教学往往不能激发学生兴趣、促进学生思维发展，反而使语文课堂变得无趣和低效。那么应该如何创建高效的朗读活动，让学生在语文课堂中感受到情趣和智慧的挑战呢？

一、 准确定位朗读目标，提升学生语言能力

　　文本是真正培养学生掌握语文阅读方法的关键载体。引导学生对文本进行品读和感悟，能够有效提升学生语感能力。[①] 在教学实践中，我们应充分发掘教材中的宝贵教学资源，基于教材中的文本，引导学生展开有效的阅读活动，获得丰富的情感体验。因此教学前要依据文本的内容和特点、依据小学生的学习特点及学习水平制定合适的教学目标。教师可以从以下两方面建立朗读目标：

　　首先，应对接课程标准要求，立足于学生能力基础来提炼宏观目标。《义务教育语文课程标准》中对1—5年级的要求依次为："'学习用'——'用'——'能用'普通话正确、流利、有感情地朗读课文。"其中"正确、流利、有感情"是核心。教师要引领学生在课堂中逐步伸展学习过程，使朗读逐渐转化为学生最基本的语言技能。而从1—2年级的"获得初步的情感体验，感受语言的优美"，到3—4年级"在诵读过程中体验情感"，再到5—6年级"注意通过诗文的声调、节奏等体味作品的内容和情感"，实质上是对学生把握节奏、理解文意、感悟情感等方面的能力提出了逐步深入的要求。因此，教师朗读教学要兼顾基本功培养和课文鉴赏两方面。

　　其次，应根据文本类型来初步确立课堂的朗读目标。如儿歌、散文、古诗、童话各有不同的读法。例如三年级上册《秋天的雨》是一篇洋溢着诗情画意和童真童趣的散文。课文语言优美，富有画面感。整篇散文的朗读应以轻松舒缓的节奏为基调。又如四年级上册《花牛歌》是一篇现代诗，诗中四幅画面动与静交替变化，展现了一头可爱俏皮、休闲自在的花牛。诗的每一节，语言

---

① 张小娟. 回归教材本位　推进文本品读［J］. 语文知识,2017（18）:45—46.

形式相同，韵脚却不断变化，学生边朗读边把四幅画面连起来整体想象，一节一韵，韵随情生，充分感受到了现代诗的韵律之美。

二、 运用多元化品读，培养学生语言素养

《义务教育语文课程标准（2011 年版）》中指出："具有独立阅读的能力，学会运用多种阅读方法。有较为丰富的积累和良好的语感，注重情感体验，发展感受和理解的能力。"① 对于教师来说，在语文教学中需要引导学生从品读文本语言入手，感受文章思想的独特性，促进学生的个性发展，让学生在感受语言美的同时深化对文章内涵的理解。

（一） 对话文本语言，感受语言魅力

小学语文教材中，有很多课文短小精悍且语言精美。作者对于词语运用把握得非常之精准，具有典型的语言特色，具备独特的语言魅力。在学生解读文本的过程中，教师应当引导学生用自己的认知和生活经验去解读文本的言语形式，从而增强学生对于语言更深层次的感悟。

例如《秋天的雨》第三自然段中用了"勾住"一词。在品读感悟时，要引导学生思考：香味是怎么勾住小朋友的脚呢？让学生反复品读"香香的"、"甜甜的"、"好多好多"等词语想象画面，来感受秋雨带来的气味如此甜美，理解"勾住"小朋友的脚就是指小朋友被水果好闻的气味给吸引住了。"勾住"这个词化无形为有形，将秋雨的香味写得细致入微，用法之精妙，正是体现了汉语语言的魅力。

（二） 品读文本细节，感悟丰富情感

语言文字中的细节，往往包含着深刻的内涵和丰富的情感。因此教师在日常教学过程中要做到更深入的挖掘和探究，引导学生在学习过程中品读语言细节，体味作品的内容和情感。

如三年级下册《火烧云》第一自然段中都在写霞光照来，地面上的人和物的色彩发生了变化。前面小孩子的脸、大白狗、红公鸡等都用了"……变成

---

① 中华人民共和国教育部. 义务教育语文课程标准 [S]. 北京：北京师范大学出版社，2012：10.

了……"的句型。只有老头的变化是通过乘凉人的语言写出来的。那么学生会疑惑最后一句能不能改成"老爷爷的白胡子变成金胡子了"。教学时,可以通过比较朗读、品味语言,进而让学生体会到这样写,除了句式的变化,更重要的是写出了人们对老爷爷深切的祝福,乡村那股淳朴的民风在作家的笔下一览无余。

（三） 立足文本结构,习得谋篇布局

语文教材中,存在着诸多结构布局方面的艺术,其对于文章的表达效果起着关键的作用。在具体的教学过程中,教师应引导学生从整体上感受文本的结构主线,在品读感悟中有效习得和熟练运用谋篇布局的方法。

如四年级上册《走月亮》这一篇课文中,以"走"为线索,写出途中看到的景物及联想。教学时,教师可指导学生通过自读课文,发现文中反复出现"我和阿妈走月亮"这个句子。作者以这个句子为过渡来进行主要场景的自然转化。因此"我和阿妈走月亮"这个句子是课文的线索,串联起全文。教师再指导学生认真读好课文,边读边思考"我"和阿妈经过了哪些地方,圈画出表示地点的词语。通过师生交流,理出走月亮的几个主要场景。接下来,通过写作练习让学生模仿,既加深了对文本的理解,同时也有效地掌握了谋篇布局的方法,提升了学生的语言表达能力,同时也促进了课堂的生成和发展。

又如四年级上册《为中华之崛起而读书》这一课,叙述了周恩来少年时代耳闻目睹中国人在被外国人占据的地方受洋人欺凌却无处说理的事情,从而立下"为中华之崛起而读书"的志向。全文讲了三件事,但却没有按照事情的发展顺序叙述。在教学过程中,教师首先让学生通过默读思考课文讲了几件事,在默读的过程中引导学生关注表示时间和地点的词句,抓住主要人物归纳,从而初步把握课文的内容。其次,引导学生阅读第十自然段,发现这句设问句中点明了"这位同学"就是上文中的"周恩来",因此它是对上文第一件事的总结,是个过渡段。在反复朗读中感受到自然的过渡使事情之间衔接流畅。第三步,读后归纳串联课文内容,可以采用文中提到的时间来串联,也可以用上"之所以……是因为……"的句式。在此过程中学生通过默读、品读、归纳、串联等方法能理清事件，能清楚地说出课文主要内容，体会课文运用了倒序的写作手法，使文章层次巧妙、引人入胜。

三、 提倡个性化阅读，珍视学生独特感受

阅读是学生的个性化行为，不应以教师的分析来代替学生的阅读实践，应让学生在主动积极的思维和情感活动中，加强理解和体验，有所感悟和思考，受到情感熏陶，获得思想启迪，享受审美乐趣。[①] 在平时的阅读教学实践中，教师不应拿着自己的一套标准要求学生，而应珍视学生独特感受、体验和理解，尊重学生对文本的多元解读，尊重学生个性差异，鼓励学生质疑争辩，让学生富有个性地阅读。

如：三年级下册《火烧云》第七自然段中："可是天空偏偏不等待那些爱好它的孩子。一会儿工夫，火烧云下去了。"读到这句话时，大部分学生往往会有一种依依不舍的情绪。也有学生表示觉得很期待，也许下一次的火烧云变化会更快、更多、更精彩。还有学生感到满足，没有遗憾，因为这次的火烧云已经让我们领略了大自然的神奇和美丽，让我们充满了惊喜。

又如：四年级上册《观潮》一课，潮去后，学生的感受也各具个性。有沉浸在潮来时的气势中久久不能自拔的，有遗憾于潮去得太快没有看够的，也有期待明年的钱塘江大潮更为雄壮的……诸如此类的理解和感受，均来自于学生的个性阅读行为，与学生个体的知识与生活经历息息相关。因此，朗读指导中教师对这些反映出学生对文本的不同理解，应给予充分的尊重和珍视。

综上所述，构建智趣共生的语文课堂，需要教师在课堂教学时以满足学生的学习需求为基础，创建高效的朗读活动，组织学生在课堂学习中积极探索，以读促悟，发散思维。学生在朗读、交流中体会成功的喜悦，感受学习的乐趣，实现"智"与"趣"的相互交融。

（撰稿者：金莺）

---

① 王东贞. 浅谈语文教学中的个性化阅读 ［J］. 职业时空, 2008（07）：39—40.

创意 2-5

快乐教学：在自主探索中快乐识字

在低年段教学过程中，教师采用多种方法营造良好的教学氛围，引导学生有章法地快乐学习，充分调动学生的学习主动性、积极性，培养学生愉悦的学习情绪，发挥学生的主体作用，使学生在快乐中动脑、动口、动手、愉快地探索，体会知识的独特魅力，让学习回归快乐的本真。

识字教学是小学低年段语文的教学重点，有着根基性的地位。识字不仅是学好语文的关键，也是学好其他学科的基础。在部编版新教材中，对识字、拼音教学的比重也做了调整：增加识字教学比重，并将识字教学放在教学的开始。由此可见，识字在整个语文学习中有着举足轻重的作用。怎样将学生引进识字的大门，打好学习的基础，这是作为一名小学语文教师值得思考和探索的问题。但是目前小学低年级语文识字教学还是存在着形式单一、缺乏趣味、缺少运用、脱离实际等诸多问题。结合低年段学生注意力集中时间短、对新鲜事物充满好奇等特点，笔者试图摒弃以往的机械式、填鸭式教学，从开拓思维出发，从字源识字开始，引导学生有章法、快乐地识字，让学生充分发挥主体作用，在愉悦的学习情绪中学习，感受识字带来的乐趣。

部编版一年级下册的识字5《动物儿歌》是学生初次接触到形声字，儿歌里的生字多而且字形复杂，怎样抓住有限的课堂时间，让学生通过自己的探索发现将这些字牢牢记在脑海里呢？通过思考，笔者做了如下尝试：

一、 联系生活，激发兴趣

苏霍姆林斯基说："只有当识字对儿童来说变成一种鲜明的激动人心的生活情境，里面充满了活生生的形象、声音、旋律的时候，读写结合教程才能变得比较轻松。"因此，在设计教学时，笔者尝试从学生的生活经验入手，通过生活中熟悉的事物和情境切入，入情入境，将识字与生活相结合，由熟悉的事物引入识字教学。在上课之初，老师出示各种小动物的图片，有蝴蝶、蜻蜓、青蛙、蜘蛛等，让学生尝试用"谁在哪里做什么"的句式表达。

此阶段的学生已经初步具备看图、联系生活简单说一说的表达能力，因此当老师给出固定句式，并分别对"谁"、"哪里"、"做什么"进行提问之后，学生能够用完整的语句进行表达。例如有的学生回答："蜻蜓在空中飞。"还有的学生语句更优美："蝴蝶在花丛中跳舞。"这一过程，是学生将图片、生活和汉字对号入座的过程。他们将生活中熟知的、可爱的小昆虫的样子与抽象的汉字对应起来，由形象思维开始向抽象思维转换，为之后深入理解汉字打下了基础。同时，学生在反复的句式练习中，读准了课文中将要学习的生字的读音，并且将文字与生活实际联系起来，激发了学生识字的兴趣，让学生感觉到，汉字不仅仅存在于书本中，不再是一个个奇形怪状的"未知物"，而是充满画面感和乐趣的"朋友"，识字就是与这些"朋友"增进友谊和了解的过程。

二、 创设问题，引发思考

看图说句子的表达训练，为后面的识字助了一臂之力。学生将"青蛙"、"蝴蝶"、"蜻蜓"这些小昆虫的名字熟记于心。随后，笔者开始深入课文，引导学生随文识字。在读课文的过程中，有些"拦路虎"突然冒出来，如"展"和"网"。没有图片的帮助，该如何去识字呢？笔者将这个问题丢给了学生们，让他们通过自己的思考和尝试，来认识这些陌生的"朋友"。有个学生想到了借助拼音，读准字音，随即笔者让他当了小老师，带着同学们读了几遍他拼读的生字。这位小"老师"很认真，拼读时声音响亮、拼读准确，学生们的学习热情空前高涨。学生们怀着对"小老师"的憧憬，思维一下子就被打开了。有的同学通过自己的观察，发现"展"的字形像我们单脚站立伸长手臂的样子；有的同学表示"展"更像老鹰展翅飞翔的姿态；还有的同学发现了"网"外面的框就好像树枝，里面的小叉就好像是蜘蛛织的网，这些都得到了其他同学的肯定和赞赏。他们有的边说边做动作，有的边解释边用手比划着，还有的眉头紧锁，积极思考。学生们畅所欲言，一下子就和书本中的这些"陌生人"变成了"好朋友"。

这个年龄段的学生，思维活跃、善于想象，每个汉字在他们眼中有着各种各样的形象和联想，汉字犹如一幅幅生动的画面跃然纸上，这正是他们识字的优势所在，因此，在随文识字环节中，笔者摒弃了以往常见的加一加、减一减的方法，鼓励学生通过观察字形、展开想象和做动作相结合，在反复的做和说中加深对这些字的印象和理解。当然学生之间的理解和表达存在差异，笔者也及时给予了肯定和适当点拨，激发学生思维的火花，让学生去享受识字的乐趣。

三、由易入难，探究发现

通过前面几个环节的学习，学生已经打开了思维的大门，识字方法不再停留在传统的"加一加"、"减一减"等方法，借着这样的学习热情，通过老师的引导，学生能通过更多的思考和探究，认识更多的汉字。这一环节，在问题的设置上要考虑学生的年龄阶段特点，层层递进，举一反三，识字来源于生活，又运用于生活，通过学生不断的交流反馈和老师的即时归纳评价，打开学生的思维广度和深度，让他们在不断地发现和探究中，体会识字的乐趣。

在这一环节中，笔者的目的就是鼓励学生展开探索式学习，学生在读和思考中发现"虫"字旁的共性——"虫字旁"的字大多与昆虫有关，并结合生活经验想到了更多的虫子旁的字，如"蚂蚁"、"蚯蚓"等。学生不仅了解了汉字与偏旁之间的关系，更是意外发现了这些汉字另一部分表音的特点，一步一步将形声字形旁表义、声旁表音的特点挖掘出来。这个过程，笔者完全将主动权交给学生，学生通过由浅入深的探索和发现，既将本课的识字重点牢牢掌握，又提升了自己的成就感，激发了课后自主识字的兴趣。课后有余力的学生还将今天找到的其他虫字旁的字，仿造课文形式仿写出了儿歌，远远超出了笔者的预期。同时他们也带动了班级里的识字热潮，识字、课本和生活变得密不可分，变得充满乐趣。

综上所述，在这堂课的教学中，笔者通过适当鼓励和点拨，引导学生一步一步，由浅入深，积极探索。在这堂课的教学中，学生用了多种识字方法，除了传统的拼一拼、加一加、减一减以外，还通过看图片、做动作、看字形等多种方法。笔者也怀着容错心理，包容学生的表达和理解差异，对积极思考、勇于表达的同学及时肯定和鼓励，让更多的同学加入到探索的队伍中来，这些环节增加了课堂趣味性的同时也加深了学生对本课所学生字的印象。

笔者在设计课堂的教学环节时，还注意到了探索的层次性。课堂上，笔者注意了方法的难易层次性，让学生在探索时由易到难，由简单的拼音识字开始，到观察字形，理解字义，发现偏旁与字的关系，到最后发现形声字的特点，在反复的读中思考，在不断的思考中发现、总结，这样，他们收获的不仅仅只是课文中的这几个生字，而是有着相同特点的一类生字。

更重要的是，在这样的课堂上，学生们通过思维火花的碰撞，感受到了探索的快乐。笔者试着放手让学生自主探索发现、合作学习，尝试下来，并没有当初想象的那么杂乱无序，有同学提出问题，就有同学一起思考和解决，在老师的总结之后，学生能再做更多的思考和探索，整堂课的气氛轻松愉快，也许探索中的发现远比简单接受更有成就和快乐感。

成尚荣先生说："情感要沸腾，思维也要沸腾，情感和思维沸腾了，学习生活便会沸腾起来，于是美就来到了课堂，来到了儿童的心灵。"探索让学生的思维和情感沸腾了，快乐和美就这样来到了课堂。

（撰稿者：曹莹莹）

创意 2-6

层进式教学：问题串的设计与演绎

美国数学家哈尔莫斯说过："问题是数学的心脏。"因此数学教学必须从问题开始，以问题为载体，以问题的解决为中心，引发和指导学生的思维活动，激发学生的深度思维。"问题串"的教学设计，使得学生在思考这一连串的问题时，根据自己已有的认知，利用由浅入深的问题串的过渡，思考也一步一步地由"浅"走向"深"。在这个循序渐进的思考过程中，学生分析问题的能力得到锻炼，深度思维的能力也得到培养与开发。

在以"培养学生核心素养"为教学目标的当下，我们的课堂与以前比，无论宽度还是深度都往前迈了一大步。对于课堂上的提问，笔者在长时间的课堂实践和听课中特别关注到这个环节，发现一个现象：无论是老师提出的问题还是学生提出的问题，往往仅仅局限于提出了一个问题或是确实提出了一个好问题。仔细琢磨发现：一堂课的众多问题中，每个问题之间的关联却不明显、缺乏层次感，有时甚至是孤立的，导致被提问者也仅仅是就问题思考问题、就问题回答问题，导致学生的思维仅仅局限于"雨过地皮湿"的浅层思考或单线思考，缺乏更进一步的深层探究和思维网的构建。无论是从宽度还是深度上，这对学生思维能力的培养都不够。

为此，笔者在课堂问题的设计上，尝试进行"层进式问题串"的教学设计，使得学生在思考这一连串由浅入深的问题时，根据自己已有的认知，利用简单问题到复杂问题的过渡，一步一步地由浅入深，在这个循序渐进的思考过程中，学生分析问题的能力得到锻炼，深度思维的能力也得到开发与培养。下面从三个方面对自己所做的尝试一一说明。

一、"层进式问题串"的设计原则

教师在教学的过程中运用"问题串"，并非随意地进行提问，而应当结合教学需要，精心设计一系列数学问题，本着环环相扣、层层递进的原则开展教学，方能提高教学效果。因此在教学设计时应遵循以下几个原则：

1. 目标性原则。一般而言，一堂的教学目标有"大、中、小"之分，而"问题串"的设计，应是通过层层递进的方式，通过完成"小目标"而实现"中目标"，最终完成"大目标"。

2. 启发性原则。数学是一门逻辑性、思维性的学科，启发是培养学生数学思维能力的有效手段。传统的数学教学中，学生长期被动听讲和被动思考，数学思维变得刻板而生硬，长此以往，学生学习数学的兴趣被扼杀，学生的思维被埋没。因此，教师在设计"问题串"的过程中，应当本着启发性的教学原则，充分认识到"启"和"引"的重要作用，并借助具有启发性的数学问题，推动学生数学思维的发展，让学生通过层层深入的思考内化知识的产生、方法的生成。

3. 层进性原则。结合"问题串"的定义我们知道："问题串"教学，就是将一系列与教学目标紧密相连的问题"串成串"，然后采取问答的方式进行教学。因此各个问题之间应当具有关联性和层次性。试想："问题串"的数量在三个或者是三个以上，但问题之间却互不相关，那整个教学过程就会显得乱而无序，学生摸不清学习的方向。因此，为了让学生更加充分地理解和把握数学知识，教师应当设计具有逻辑性、层次性和关联性的数学问题，通过层层递进的方式让学生逐层了解和把握数学知识，最终实现教学的目标。①

---

① 张铭德. 初中数学教学"问题串"的应用策略浅析［J］. 考试周刊,2020（54）:89—90.

二、"层进式问题串"的设计价值

1. 有助于深度思维的开发。顾名思义,所谓"递进式问题串",是指一系列具有层次性、逻辑性、梯度性的"问题串"。递进式的"问题串",前一个数学问题是后一个数学问题的铺垫,有助于帮助教师从基础知识入手,纵向引导学生数学思维的发展以及知识结构的搭建。递进式的问题串,其特点就在于问题具有梯度性,能够引导学生思维的纵向发展。

2. 有助于课堂模式的创新。一直以来,笔者在教学中发现:在实际的课堂教学中,很多时候,教师讲、学生听依然是主要模式,学生主观能动性低下、问题意识缺乏,影响了学生数学思维能力以及数学学习效率的提升。基于此,在教学中采用层进式"问题串"的教学模式,通过一系列相互关联、层层递进的数学问题,引导学生积极主动思考,不仅有助于构建互动的课堂教学氛围,同时有助于发挥学生在数学学习中的主观能动性,让学生积极主动地参与到教学中,与核心素养背景下以"学生主体"的课堂教学相契合。①

三、"层进式问题串"的设计举例

(一) 激发学生学习兴趣的"层进式问题串"

下面以《圆与圆的位置关系》教学引入部分的设计为例进行说明。

案例呈现:问题 1:你见过"日环食"吗?你知道这种现象是怎么产生的吗?(多媒体展现"日环食"全过程,并配以这种现象成因的解说。)问题 2:观看了"日环食"过程,你们是否注意到其中的数学问题?(将图片中的太阳与月亮的轮廓抽象为大小不同的两个圆,将图片中的太阳与月亮的轮廓的位置关系抽象为大小不同的两个圆的位置关系,"日环食"的过程揭示了圆与圆的位置关系。)

设计意图:用学生观看"日环食"导入,体现了与地理学科的融合,通过关注这一自然现象中所蕴涵的数学问题,让学生自主建立大小不同的两个圆的

---

① 林碧艺. 基于"层进式问题串"教学模式的高中物理教学〔J〕. 中学物理教学参考,2019,48(16):10.

各种位置关系的直观模型，使学生明确本节课的学习目标，加深学生对将要学习的知识的印象和记忆的同时又能激发学生的兴趣。

（二）激发学生"表现欲"的"层进式问题串"

下面以《圆与圆的位置关系》教学设计片段中的问题设计为例进行说明。

问题1：以小组为单位，在桌面上移动你手中的两个圆形纸片，模拟刚才动画中月亮和地球位置的变化，探索两圆的位置关系有几种？

问题2：观察、分析、你能否记录下两圆的位置关系（以表格的形式呈现）？

问题3：请同学们在纸上画出圆与圆的位置关系，并类比直线与圆的位置关系，并尝试为其命名下定义。

问题4：对于你记载下来的这几类，思考你的分类标准是什么？

小组合作探究，完成以上问题，限时5分钟；小组长安排本组一位代表到台前演示两圆位置关系变化的动态图，另一位代表展示本组研讨之后的结论。两组展示过后，再留2至3分钟的时间，让大家在原来的结论的基础上进行修正、补充。

设计意图：对学生来说，"课堂不仅是满足求知欲的地方，也是满足表现欲的地方。满足求知欲就是让学生感到自己学有所获，感到自己有进步、有提高、有发展；满足表现欲就是让学生感到自己有力量、有价值、有存在感"。如何打造这种让学生有充分的安全感，能无所顾忌地发表自己的见解，而不担心被讥讽、被批评、被指责？笔者特地设计了这个"问题无关对错"的展示环节，给学生创造了站到台前大胆表达自己、展示自己并得到认可的机会。学生的"被认可、被接纳、被信任"就会让他产生安全感并找到归属感。这也是笔者极力追求的佐藤学笔下的"温润的课堂"——充满了善意和人性的幸福课堂。

（三）激发学生"探究意识"的"层进式问题串"

下面以《求代数式的值》的教学设计片段为例进行说明。

对于直接代入求代数式的值的问题，学生不难理解，但若涉及到多个字母，并且字母的值并未直接给出，这种情况下的问题就要复杂很多，它不仅需要学生灵活地运用所学知识，还涉及到数学中的"整体思想"，因此，笔者对于这种求含有多个字母的代数式的值的教学进行了如下的教学设计：

问题 1：对于含有两个字母的代数式，是否每个字母都需要具体的值才能代入求代数式的值？比如例 3：若 $x=y=1$，a、b 互为倒数，求代数式 $\frac{1}{2}(x+y)^2-3ab$ 的值。

问题 2：根据题目所给的条件，能求得出这个代数式的值吗？

问题 3：在大家发现的各种解法中，它们的共性与差异是什么？

问题 4：你能否根据自己的理解来解释我们数学解题中常用的"整体思想"？

设计意图：在这个环节中，笔者在例题的选取和问题的设计上秉持了一个原则：循序渐进，使提出的每个问题之间产生关联，使整堂课问的所有问题形成一个层层递进的"问题串"。从含有一个未知数的代数式到含有两个未知数的代数式再到含有多个未知数的代数式，求值的方法是从直接代入未知数的值到整体代入数值，使学生在课堂学习过程中，就像爬楼梯一样，每解决一个问题就感觉到自己往上爬了一个台阶，在一层层往上爬的过程中体会到成就感。如若每堂课都能够坚持如此，慢慢的，学生就会由表及里深入思考了，学生学习

数学的兴趣就被激发出来了。①

综上，"问题"是思考的起点，"层进式问题串"则是思考的支架，数学层进式"问题串"的驱动，可以架起新旧知识间的桥梁，使得数学思维真正走上"高速公路"，达到深层思维，往广处、深处等各个方面渗透、拓展。坚持这样的"问题串"教学，有意识循序渐进，层层深入，日积月累，有深度的数学课堂与数学教学就有可能实现，学生的深层思维能力亦得到开发与培养。②

（撰稿者：袁秀丽）

① 左其梅. 问题串在初中数学教学中的应用［J］. 数学大世界（中旬），2020（07）：11.
② 陈桂. 问题串导学：让初中数学概念教学更高效［J］. 新课程导学，2020（24）：95—96.

第三章

演绎生命的丰富内涵

课堂教学是以学生发展为主要的多边交流过程，是用爱唤醒儿童蒸蒸日
上的前行力量。课堂教学蕴含着巨大的生命活力，只有师生的生命活动
在课堂教学中得到有效的发挥，才能真正有助于人格的养成和发展，从
而演绎出生命的丰富内涵。

叶澜教授指出："课堂教学蕴含着巨大的生命活力，只有师生的生命活动在课堂教学中得到有效的发挥，才能真正有助于新人的培养和教师的成长。"因此，课堂应该是丰富多彩、真实交流、生成变化的，是师生间、同学间多元的对话过程，我们要努力构建一个充满生命活力、充满智慧与挑战的课堂。

教师传道、授业、解惑，因此教师不仅要教学生知识，还要对学生健全的人格进行培养。教师教授学生知识目的是使学生更好地发展，是使生命有丰富的内涵。教师应将关注的重点由"知识"、"教材"转变为"学生"、"生命"。传统的教育方式更加注重学生知识的学习，而忽略了对学生丰富内涵的培养，教师要改变自己的教育方式，不仅教书还要育人，不仅仅将知识灌输给学生，更多的要丰富学生的精神世界和演绎生命的绚丽多彩。所以教师在教学中应潜移默化地渗透和培养学生对生命的热爱，爱自己、爱他人、爱生命，让课堂充满无限的生命活力。

学生是独特的人，每个学生都有异样的光彩，因此他们存在差异。教师要尊重学生个体发展差异。学生是学习的主人，必须通过自主活动来认识事物、掌握知识，使自己的身心获得发展。教师心中要真正有学生，做学生的良师益友，拉近与学生之间的距离，多鼓励、多帮助学生，为学生创设一个良好的教学环境、融洽的课堂氛围和展示自我的舞台，以学生为主、从学生的角度考虑问题无疑会大大提高课堂教学的效率。

课堂教学的本质不在传授本领，而在善于激励、唤醒和鼓舞。教学有法，教无定法，贵在得法，教师应当充分尊重教学本质的生命价值。教师应当给予孩子多一点尊重、多一点理解、多一点关爱、多一点帮助，对学生的差错多一点认同，倘若能把差错当成课堂动态生成的重要资源加以开发，课堂就会呈现无限的活力，学生才会永葆学习的激情和奋斗的张力。

精当点拨、精心激活、精巧引导才能让课堂教学在精彩"预设"之中焕发鲜活灵动的有效"生成"，让课堂闪耀生命的光辉。课堂活动要从关注学生生命发展的基点着眼，提倡多元化的智慧学习，关注个性发展，鼓励自主感悟，重视独特体验。

　　总之，创造灵动的课堂、创造孩子喜欢的课堂，为学生提供优质的教育，是教师应当的追求，是有生命课堂的重要体现。课堂中，学生求真知、做真人，在不断奋进中享受美好人生，演绎生命的丰富内涵。

创意 3-1

动感课堂：让每个学生参与其中

韵律—自编街舞啦啦操可以提高学生力量、协调、柔韧等素质，同时也培养学生的审美情趣，增强学生的自信心。利用多媒体信息技术辅助韵律—自编街舞啦啦操教学，提高教学质量与新颖性，促进学生参与的积极性，提高体育教学效率与趣味，让每个学生参与其中。

《关于全面加强和改进新时代学校体育工作的意见》中指出："推动青少年文化学习和体育锻炼协调发展，帮助学生在体育锻炼中享受乐趣、增强体质、健全人格、锤炼意志，培养德智体美劳全面发展的社会主义建设者和接班人。"在信息时代的体育教学中，多媒体辅助教学发挥了不可替代的作用。合理利用多媒体设备，能使体育教学融趣味性、生动性与知识性、科学性为一体，大大提升体育课堂教学的有效性。多媒体辅助教学能改变以往的传统的教学理念和模式，提高体育教学的质量，能激发学生的学习兴趣，充分发挥学生学习的主体作用，培养学生自主学习、合作学习和探究学习的能力。

韵律操是小学一二年级体育教学的内容之一，韵律操对学生的体能、协调性、灵活性以及对音乐节奏的掌握都有较大的提高。通过技能的练习，韵律操提高肢体协调的同时，更能培养学生的自信心。本次授课对象是我校一年级（2）班的学生，这是该班学生初次学习街舞啦啦操，也是第一次进行音乐与动作结合的相关活动，因此，对于动作的弹动、音乐的节奏掌握能力还比较弱。本节课以多媒体设备辅助、以"小小 Gai 舞王"故事情节展开教学，提高活动效率、增加活动趣味。

本节课的课程目标是使学生进一步学习韵律操—街舞拉拉操的基本动作要领，掌握街舞啦啦操的三个基本动作，能完成简单的队形变换同时摆出造型动作；发展学生动作的协调性、灵敏性，培养音乐节奏感，促进全身肌肉、关节、韧带的伸展。本次课的重点是使学生动作有弹性，节奏准确；难点是韵律操动作与音乐节奏的配合。

一、 动感启动，情景交融

活动的准备部分是韵律操的导入和课的热身部分，教师运用多媒体将图片、视频导入课堂，在音乐的节奏下带领学生一起进入本节的情景，带着故事情节开始热身活动，学生精神饱满、积极参与、乐于其中。多媒体的使用不仅减少老师讲解和示范的时间，还促使学生积极投入，充分热身，为接下来的学习做好充分的准备。

二、 动感过程，层层递进

在熟悉音乐、听着音乐打节奏的环节，在生动的动画效果，节奏鲜明、鼓点较强的音乐伴奏下，教师带领学生从前后、左右、上下不同方向打节奏，教师口头简单提示方向，无须过多喊拍和讲解，学生能快速进入欢快的打节奏氛围中，好动、爱模仿的他们感到非常快乐。

在动作复习和闻音起舞环节，多媒体动画示范拍手弹动动作一、跳跳指指动作二、走走亮相动作三这三个街舞啦啦操内容，用动画吸引学生的眼球，学生仔细观察，认真复习动作，全神贯注。在没有多媒体辅助时，老师请小朋友回答和示范上节课学习动作时，学生回答比较怯生，错误的地方比较多。老师用图片、视频引导，瞬间抓住学生的眼球，学生回答积极迅速且回答得比较准确。

小学低年级对初学动作和名称的掌握不是特别牢固，在有限的上课时间里教师反复纠正和提醒会占用大量课堂时间，同时低年级的小朋友注意力也比较容易分散，课上运用多媒体展示出来的带有故事情节的图片、音乐、视频，会大大提高学生学习的兴趣，学生乐于表现、积极参与，增加学生自信心的同时也提高了学生学习动作的能力。

"我是 pose 王"这一环节是自由造型的创编，多媒体展示出来街舞视频和造型，让学生将街舞与酷酷的、帅帅的等形容词匹配。让学生对音乐、动作有个正确的认知，多媒体放着节奏感强的街舞音乐，并有相应的视频给予学生模仿和创新，学生跟着音乐在不断练习和创编，造型各异，下叉、下腰等等非常精彩。

无论是熟悉音乐，听着音乐打节奏，动作复习＋闻音起舞，还是"我是 pose 王"，运用多媒体辅助教学，内容由易到难、循序渐进，学生都能很好地完成老师布置的任务和挑战，练习的动作有节奏且有弹性并能跟着音乐动起来。

三、 动感素质，全面发展

在素质练习时，利用多媒体播放"小小起重机"练习视频，并讲解练习的要领及要求，学生模仿练习。学生对着多媒体迅速模仿，大大减少老师讲解与示范的时间，老师强调注意部分，加快学生对正确动作的理解。面对多媒体，学生对自己和其他同学做的动作有直观的评价，促使学生第一时间发现错误、改正不足，提高教学质量。同时在音乐的伴奏下学生进行练习，教师减少讲解的时间，更多的进行巡视指导和帮助，并对积极、进步的同学给予点赞和小红花的奖励，提高学生学习积极性，培养学生自信心。

四、 动感趣味，身心发展

此环节内容较多，包含"面对面翻帽子"、"S 形绕帽子"、"蹦蹦跳帽子"、"PK 收帽子"等。环环相扣、层层递进，由易到难。教师运用多媒体直观展示了每个部分需要练习的讲解与示范，并且注重游戏的方法与规则，学生看得明白、听得仔细、认真学练，并且懂规则、守规矩，同时通过游戏还加强学生们与同伴之间的协助和交流，培养竞争意识和团队协作的精神，同时通过多变的挑战和关卡培养学生不怕吃苦、敢于拼搏的意志品质。

五、 动感调节、恢复身心

课堂的最后环节，在舒缓的音乐伴奏下进行身体的拉伸和放松，涓涓细流、鸟儿嘻唱与大屏幕中的视频动画相得益彰，教师引导每位学生将自身置于此情景中，感受意境之美，做好充分的放松活动，消除一节课带来的疲劳与倦怠。

总之，低年级小学生活泼好动，好奇心强，本堂课借助多媒体的使用对学生进行体育授课。多媒体技术的显著特点就是人机交互、反馈及时。这种形式比起教师的口头表达语言阐述更直观、更形象，学生也更乐于接受，也极大减少了对学生的吸引不够、容易发生开小差的情况。《韵律操—街舞啦啦操》中多媒体教学的图片、音乐、视频能够大大激发小学生的学习兴趣，从而改善教学氛围。其次，通过多媒体辅助和示范，以"小小 gai 舞王"为教学情境主题，寓街舞啦啦操练习于预设的情境之中，鼓励学生积极参与到学练之中，通过"闻音起舞"、"我是 pose 王"、"小小起重机"等环节增加体育教学的环节，丰富课堂的教学内容，极大地增添了课堂的趣味性。多媒体的辅助大大缩短教师的讲解时间，教师丰富教学内容的同时也加大对学生个别指导和帮助的力度，对学生学练时存在的问题能第一时间给予反馈并加以指导，这大大提高了学生课堂练习的密度和强度，使得课堂教学高效、有趣，鼓励了每位学生参与其中、感受动感课堂的快乐。

（撰稿者：苏宣玉）

建构课堂：通过意义的建构获得生长

学习者并不是空着脑袋进入学习情境中的，他们已经形成了有关的知识经验。课堂教学不能无视学习者的已有知识经验，而应当以此为生长点，引导学习者从原有的知识经验中，生长出新的知识经验。课堂教学本质上是知识的创造性处理和转换，是学习者通过情境、协作、交流和意义建构，把握事物内在联系的过程。

运算能力是小学数学教学中需要培养的核心素养之一，在计算教学中，不仅要让学生学会计算，寻求合理简洁的运算途径解决问题，而且要让学生明白为什么这样计算。在小学计算教学中，教师只有真正关注到算理的教学，才能真正培养学生的运算能力和思维能力，在日常教学中，我们发现小学生的运算能力依然比较薄弱，比如：$16-16\div4=0$；2 个 12 相乘的积写成 $2\times12=24$；"34×25"算式中 34 与 25 中的"2"相乘等于 68 的答案，类似的例子屡见不鲜。这不得不引起笔者的思考：为什么学生们会出现以上的答案？究其原因，我们不难发现实际上是学生没有真正理解算理。

建构主义理论认为：学习不是教师把知识简单地传授给学生，而是由学生自己主动地建构知识的过程。建构主义理论坚持以学生为认识主体，教师的主要职责是帮助学生建立数学知识与实际生活的联系，帮助学生在理解和领悟算理的基础上正确地进行运算，从而能促进学生运算能力的稳步发展。

一、 依托生活经验　感知算理

郑毓信教授说过："数学知识的教授不是越多越好。数学知识的理解贵在求联而不在求全。"何为"求联"呢？就是主动建构联系。小学生在学习数学知识前已经积累了一定的数学原始经验，教师要努力挖掘数学知识的生活内涵，架起数学计算与生活经验的桥梁，引导学生在生活情境中发现问题、提出问题，并能利用生活经验解决问题。

如在四年级"小数加减法"教学中，出示以下情境："一盒牛奶 3.5 元，果汁一瓶 6.8 元。"首先，请学生根据以上数学信息，提出数学问题。小学生很快会提出以下两个问题：一盒牛奶和一瓶果汁一共多少元？一瓶果汁比一盒牛奶贵多少元？然后教师引导学生列出对应算式：3.5＋6.8；6.8－3.5。接着教师鼓励学生利用自己已有的生活经验计算结果。借助元、角、分这一现实情景，利用学生的生活经验帮助学生理解了为什么在列竖式的时候需要"小数点对齐"，也实现了小数加减法之间的联结。

计算教学中，教师要联结运算需求和现实情境，只有这样，才能激发学生学习计算的兴趣，在引导学生探讨的过程中，让学生经历计算方法的形成过程，从而才能初步形成基本的运算技能。

二、 巧用实物操作　理解算理

小学生的数学学习应当是一个积极主动、富有个性的过程，学生的数学学习应当有足够的时间和空间去经历探索、质疑、验证等。而小学生的身心特点决定了他们的抽象思维能力比较薄弱，动手操作可以帮助学生在实践中获得最直接的体验。在动手实践中，学生能在更高的角度去理解和分析问题，这样可以帮助学生更好地理解算理。

例如在教学《20 以内数的加减法》一课时，借助在位置图上摆一摆小圆片，帮助低年级孩子理解进位加法和退位减法中"满十进一"和"退一作十"的算理；在教授较大的数的不进位和不退位的计算时，小圆片的摆放可能没有办法真正呈现"凑十"和"退一作十"了，所以这时候需要引导学生边操作边想象。又如，在教学《整百数加减整百数》时，借助具体的人民币（百元面值）来帮助学生理解 7 个百加 5 个百就是 12 个百，就是 1200。

通过教师的引导，学生在操作中经历了"数学学习"的过程，在过程中学生能体验、感悟算理，从而能在深层次上理解算理，进而能帮助学生掌握算法从而提高运算能力。

三、 借助对比练习，厘清算理

建构主义理论指导下的算理教学，应该充分发挥学生的主体作用，让学生先自主建构算法，通过学生出现的不同算法之间的对比，在展示中充分交流，从而理解不同算法背后的共同算理。

如在一年级《退位减法》教学中，笔者安排了这样的对比练习：（1）$15-7$ 与 $10-7$ 的计算有联系吗？（2）$32-8$ 与 $12-8$ 的计算有联系吗？（3）你能快速说出 $54-9$ 的结果吗？通过算法的对比、转化，让学生明确退位减法的算理。如在三年级《两位数乘两位数（竖式计算）》教学中，针对同一问题"$35×24$"计算时，$35×2=70$，$35×20=700$，从而理解不同算法背后的算理。

在对比练习中，学生能通过观察、概括、归纳等一系列活动，促进学生运算思维的发展。

四、 回归实际问题 巩固算理

建构主义理论认为算理的教学应该让学生在实际应用中进行巩固，因此，教师要运用形式多样的方法让学生在实际应用中巩固算理。

比如在教学四则运算中"先乘除后加减"的算理时，可以让学生通过应用来验证：小丁丁买 2 本笔记本，1 个铅笔盒，铅笔盒每个 18 元，笔记本每本 7 元。小丁丁应付多少钱？列式 $18+2×7=18+14=32$（元）。让学生体会先乘除后加减的算理。进而引出抽象计算题"$16-16÷4$"要先算除法，再算加法。又如在教学"三位数除以一位数"时，举出实例"班级将 612 本书平均分给 6 个小组，请问每个小组分到几本？"，巩固了"商中间有 0"的除法，进一步巩固了学生"不够商 1 时商 0"的算理。

在解决实际问题中，学生对算理的理解会更加透彻，因此教师在教学中要调整计算教学的手段，在教学中不断提高自身驾驭课堂的能力。只有这样才能有效夯实学生的运算思维，从而提高学生的运算能力。

　　总之，学习者并不是空着脑袋进入学习情境中，他们已经形成了有关的知识经验。课堂教学不能无视学习者的已有知识经验，而应当以此为生长点，引导学习者从原有的知识经验中，生长出新的知识经验。课堂教学本质上是知识的创造性处理和转换，是学习者通过情境、协作、交流和意义建构，把握事物内在联系的过程。运算能力的提升必须坚持以学习者为中心，创设更活跃的学习情境，关注学习者掌握算理的生成过程，帮助学习者在理解算理的基础上感悟数学的思想。

（撰稿者：申金艺）

创意 3-3

精准课堂：练就听说技能的秘密武器

英语听说技能的培养是落实学科核心素养的集中体现，而教师通过精准的提问构建精准教学的课堂模式，不仅能有效地提高学生的听说技能，还可以培养起学生的核心素养。教师用课前的精准备课、课上的精准提问来培养学生精准地推测文本信息，提高听说表诉技能。

初中《义务教育初中英语课程标准（2011 年版）》提出，英语课程承担着培养学生基本英语素养和发展学生思维能力的任务，即学生通过英语课程掌握基本的英语语言知识，初步形成用英语与他人交流的能力。学科核心素养[①]是学科育人价值的集中体现，是学生通过学科学习而逐步形成的正确价值观念、必备品格和关键能力。

英语学科素养主要包括语言能力、文化意识、思维品质和学习能力，它是初中学生知识、技能、情感态度价值观和能力的综合体现。因此在核心素养背景下，教师应该思考如何导入提问，怎样精准提问才能不误导学生。精准的课前积累、课上互动和课后整理，激活学生思维，有效地培养学生的英语核心素养，帮助学生更好地学习英语。在精准的课堂模式下，学生的听说技能不仅提

① 樊川湘. 基于核心素养培养的初中英语阅读教学策略［J］. 英语广场, 2018（11）:129—131.

高更熟练掌握文本信息处理的能力，还是一种有效的学习方式。

一、 精准备课：积累词汇、拓展词组

英语的核心素养和学习积极性不是一朝一夕就可以培养成功的，而是要通过系统的学习和积累。听说教学是落实语言功能的主要教学环节，而六七年级学生的词汇量又不够，精准课堂不仅以教师的科学备课为前提，也需要学生主动地做好准备。因此培养学生进行精准的课前准备、做好词汇的积累，就显得格外重要了。

（一） 课外的精心整理，夯实基础

单词和词组的积累是课堂听说教学的前提，而课堂是有限的，我就把每天的口头作业作为词汇积累的主阵地，从课内外以自主合作的形式来完成最基本的基础夯实，我要求学生课外每天掌握核心词汇的基础外，对形容词、名词、动词和副词进行同义、近义词进行至少 5 个词汇的积累。

例： happy—pleased-glad-joyful-cheerful；hard-heavily-fiercely 等。每周进行一次主题词汇积累，例如：我给出家庭成员这个主题，学生除了已经掌握的 father, mother, son, daughter, grandfather, grandmother, cousin 外，可以通过自学积累到的 grandparent, grandson 等词汇延伸出 father-in-law, son-in-law 等词汇。而这些词汇的整理也是被有序地记录在固定格式的文档中，排好序，以课文单元顺序为序进行存档，以备随时复习、巩固。

（二） 课堂的趣味展示，提高学习兴趣

一旦一个好习惯养成了，那么学习起来就会事半功倍。学生在每天的积累中品尝到学习的趣味，课堂展示更是他们收获成功体验的时刻，初中低年级段，学生们的参与欲望特别强，这也是提高他们听说技能的最佳时期。仍以 family members 为例，我用 family tree 的形式把自己家族的人员介绍给学生们，学生们会感到既有趣又亲切。在介绍的时候我也会引导他们注意词汇发音、拼写等的共性，帮助他们有效地记忆和积累。在课堂展示中兼顾到各个水平的学生，在基础词汇熟练运用的前提下，能力强的学生会总结出自己拓展词汇的学习心得。我通常会用 Do you have a big family? What relatives do you have? Will you introduce your family? 等问题激发学生的回答欲望，由于现在的家庭多为独生子女，学生们对于有些关系并不清楚，我再用假设的句型鼓励他们更好地去熟悉家庭成员之间的关系：Will you introduce your family if you live in a four-generation family?这时学生常会充分想象，在家庭成员中出现了所有可能的成员，甚至会出现宠物。

为了检验学生的掌握程度，我还会设计下面的问题：Suppose you are your father/mother, please introduce your family again。身份变化后，学生们的参与意识就更强了，当他们成功地介绍完家人时会觉得特别有成就感，积极的学生还会介绍家人的职业、兴趣、居住地等，这样自然地就把六七年级单元的核心词汇学习都串连起来了。这种学习让学生对词汇的积累不抗拒，更是激发了他们的学习思维，使我们的课堂真正地活了起来。

在单词的积累中，学生自然会发现有些前缀和后缀都是有一定规律的，他们逐步就找到了这些前缀和后缀所代表的词义，这样，学生对于单词和词组的学习就更加游刃有余了，这就是核心素养的提高。

二、 精准提问：提高学生对文本的理解和运用

语用与语感也是英语核心素养中的一项重要内容，而在教学中，要达到这个目的，重要的方法就是利用分层教学方法，让学生找到最适合自己的学习节奏，有效地提高学生的语用与语感。

（一） 阶梯式课堂提问，激发学生的创新思维

我在英语听说中会合理设计教学内容和教学活动，学生可以从自身能力出发选择回答的问题，教师和学生、学生同伴之间的互动可以在很大程度上提升学生对文本内和文本外的语用和语感。为了培养不同层次学生的思维能力，教师可以在处理文本时采用阶梯式提问方式，即设计不同层次的问题，让学生从识记文本基本内容到领会文本中心思想，将所学知识应用于实际问题，分析和评价文本中的观点，最后结合自己的观点，形成创造性的新思维。

如：牛津英语七上 Unit Five "Choosing a new flat" 中，我在教学中设计了

不同程度的问题，可以引导学生层层领会文本内容。 What do you think of Ben's bedroom? Why? How will you clear his room?这是基础问题，在这些问题的回答时，学生运用了评价句型 I think his room is too untidy. 在回答 Why 时，学生就会用到关键句型：His room is too small for all his things. He needs more shelves. 在回答思考的过程中学生对阅读文本的所有信息复习记忆了一遍，以听说的形式对文本进行了梳理的同时也对人称的变化进行了复习。

（二）发散性提问，培养学生的逻辑思考能力

英语听说只是课堂教学的一个形式，我们试图借助听说能力的提高为以后的阅读做好铺垫。所以在课堂上我特别注意对学生进行发散性思维训练，在确保学生对于文本主要信息掌握好之后，引导他们学会关注细节、积极思考，并做出合理的结论，从价值观和意志品质方面去培养学生，这样才能在无形中培养了他们的核心素养。

仍以七上牛津英语 Unit Five "Choosing a new flat" 为例，为了进一步激发学生的逻辑思维，我又设计了下面的问题，让学生进行深度思考，培养他们的逻辑思考能力和实际生活处理能力。 Now, please arrange your new bedroom to make sure your room tidy and comfortable. You should decide the position for each furniture and tell us why you decide to put these furniture like this. 学生在回答中既复习了介词的用法，又思考了家具的合理摆放，学生觉得他们的自我意识可以得到充分的表现，所以学习积极性高涨。我又继续提问： Why would you like to put your furniture like this? What do you think if I put the table near the door? Why? Where shall we put the sofa? Please give me the reason. How will you tidy up your room? Why? How will you keep the room tidy? What's our duty on that? 在我和学生们的互动中他们也在逐步完善自己的家具摆放，了解了生活细节的关注和常见居家问题的处理。这样的有趣学习讨论使学生的学习效果提升了，规范了他们的价值观，更是培养了他们的责任感。而这些能力的提高又促进了课堂教学，并使学生的学习习惯的培养得到了保证，使学生从被动地学习变为主动地乐学。

三、 精准推测：提高学生处理信息的能力

精准课堂在课前充分的准备后，教师的教学艺术可以对学生进行正确的学习策略指导，提高学生的处理信息的能力。① 初中英语教学提出了这样的要求：能根据上下文猜测生词的意思，能根据构词法推断理解生词的含义，能从文章中找出有关信息，能根据不同的阅读目的运用简单的阅读策略获取信息，这也是我们对于英语教学的最终追求。为了提高学生处理文本信息的能力，我会设计不同难度的听说问题帮助学生快速正确地理解文本，把课堂教学的策略延伸至试题运用。

例如牛津英语七上 Unit Four "Jobs people do" 的 reading，我是这么设计的，首先阅读前的问题是：Where do you sometimes see accidents? Who comes to help? Where do people who are hurt go? What takes them there? 这些问题预测性地把文本需要学生掌握的 fireman 的职责进行铺垫，使学生通过回答明白接下来要接触的材料的大概内容。然后将材料以图片形式呈现，让学生根据图片进行逻辑排序。由于学生对于图片信息的敏感度特别强，所以一般都能快速、正确地排好顺序。接着用具体的精准提问（What knocked Ben down? What happened to the motorcycle? Who was hurt? What did Sam do? Why? Who went to the scene of the accident first? What did they call? Who stopped the traffic? Why? Who arrived then? What was the result?）把文本的每个细节再次呈现，学生在回答时用 first、next、then、finally 等副词叙述情节，对于故事的时间、地点、起因、经过、结果等一一细读，提高了学生对阅读的专注度，避免重要信息的遗漏，也训练了学生的逻辑组织能力。最后，在学生熟悉文本的情况下，进行复述材料，发展了语言表达能力。这样就把阅读前的一般现在时态的运用转为过去时的陈述，也提醒了学生在回答问题和阅读时一定要注意时态的选用，这是最后阅读考试题型特别需要注意的细节。

英语教学的灵魂就是语言表达功能，学生只有基于语法了解文章的内容，

---

① 俞淑兰. 初中英语课堂主题阅读教学模式的实践研究 [J]. 新课程导学. 2019（34）：22.

然后搜寻需要的信息，真正理解文章，才能做出正确的表达。这正是英语听说教学的最终目标，也是英语教学核心素养中的重要内容。而教师启发式的准确提问才能保证课堂的精准性，达到教学的有效性，不干扰学生，使学生形成初步的综合语言运用能力，促进其心智发展。精准课堂既有利于发展学生语言运用能力又有利于发展思维能力，从而全面提高英语学科核心素养，实现听说教学与核心素养的真正融合。

（撰稿者：张琪）

创意 3-4

活力课堂：以兴趣点燃动能

课堂教学要焕发出师生的生命活力，教师要深刻理解并以生动的方式呈现出学科的内涵魅力，并且要善于观察和研究学生，发挥教育智慧引导学生学会、会学。激发学生主动积极参与学习，点燃学生参与学习的兴趣，激发学生学习的动力，让课堂的生命活力更加旺盛。

《义务教育体育与健康课程标准（2011 年版）》中关于课程基本理念第二条指出："激发学生的运动兴趣，培养学生体育锻炼的意识和习惯。体育与健康课程强调在课程目标的确定、教学内容和教学方法的选择与运用方面，注重与学生的学习和生活经验相联系，引导学生体验运动乐趣，提高学生体育与健康学习动机水平；重视对学生进行正确的体育价值观和责任感的教育，培养学生刻苦锻炼的精神，促进学生主动参与体育活动，基本形成体育锻炼习惯。"[①]

在体育课堂教学中，笔者发现小学生运动参与的积极性还是比较高的，学生乐学、好动。但是，在反复练习已学动作技能的过程中就兴致阑珊。那么在这些练习的过程中，有效的教学手段和方法就会犹如一支兴奋剂，能让学生的

---

① 中华人民共和国教育部. 义务教育体育与健康课程标准［S］. 北京：北京师范大学出版社，2011：3.

活力再次充分被调动起来。

一、 优化分层，引发活力

在一年级的跳绳教学环节中，笔者通过课堂观察发现，学生在跳绳这一技术水平中存在很大的差异，技术好的学生可以一分钟跳到大约 100 多个，而技术不好的学生在 1 分钟以内大约只能完成 5—15 个。对于这一明显的差异，笔者及时做出调整。要求学生两人一组组合，并且有意识地帮助他们进行配对：优秀配合格，良好配良好。笔者自己单独指导不合格的同学。一个人跳，两个人同时数数，跳完后交换。在学生的互相配对练习过程中，指导学生互相监督并学习同伴的长处。

通过优化分层的教学方法，笔者发现课堂中优秀的学生用多余的时间去帮助同伴，明显提升了他们课堂参与的积极性，并对自我更加肯定，增强了自豪感。同时在同伴的催促下，运动能力较弱的学生也会抓紧时间完成老师布置的任务，并且在练习中发现自己能超越自己，体验了成功，增强自信心。这样的教学策略的改变激发了学生的学习兴趣，增强了他们的参与热情，体验了成功，提高了学生参与课堂的积极性。

二、 以考带练，促进活力

在三年级体育与健身课的仰卧起坐环节中，笔者发现学生的仰卧起坐成绩并不是很理想。学生的个体差异非常大。针对这一情况，笔者立刻对教学内容进行了调整："以考带练"。在体育课堂中进行 30 秒仰卧起坐小测验加练习 30 个仰卧起坐的组合练习。在每堂课中先进行 30 秒仰卧起坐课堂测试，达到要求的同学获得 30 个仰卧起坐减半练习以及下堂课测验免考机会，达不到要求的同学需要完成后面 30 个任务并且下堂课继续参与测试。

通过调整，笔者发现学生的仰卧起坐水平有了较快的提高，从刚开始的极个别学生只能完成 7—8 个，到两周以后大部分同学能成功完成 16 个。同时，发现他们为了赢取免试机会和练习减半的机会自己在家进行练习。通过以考带练的教学方法，增强了学生的参与感，提高了学生的自主性。在测试中学生的练习兴趣再次被点燃，给了学生自信的舞台。

三、 变换节奏，提升活力

体育课堂中必不可少的就是广播操教学，但是，广播操的练习往往对于学生来说是比较无趣的。一般的模式就是老师教完以后学生反复练习，没有特别强的趣味性，对于学生来说，单纯的练习也会比较乏味，并不会带来快乐，学习的热情也比较低。针对这一情况，笔者将教学方法做了重新的调整。在反复练习巩固的环节中进行节奏变化的练习。

通过调整，笔者发现用改变节奏的方式能成功地吸引学生的注意力，提高他们的练习兴趣，并且能有效地增强学生的自我纠错能力。这样的教学策略的调整让乏味的反复练习也焕发了新的光彩，学生有目的、有兴趣、有成长，较快地提高了广播操水平。

四、 增设老师，点燃活力

在五年级的教授跨越式跳高环节中，教师先进行讲解示范，然后让学生分小组进行练习。在分组指导练习的过程中发现，有的学生身体素质好、学习能力强，动作学习效果较好。有的学生运动能力较弱，动作不协调。这一动作技能要求较高，教师的个人精力有限，不能做到全覆盖的个别化指导。针对出现的问题笔者立刻调整教学方法，发展小老师进行教学。课堂中筛选出优秀的一部分学生，让他们作为小老师进行教学，用他们学习时所掌握的技术方法，以及自己在练习过程中积累的小经验，教其他学生进行练习。

调整后发现，教学成效有了显著的提高。整个班级学习跨越式跳高的氛围变浓。班级中的学生都能主动积极地学习动作方法。同伴之间能互相传授经验，对于部分胆小、内向的学生，同伴之间的交流、指导更胜于老师亲自去教授，在跳高技术水平的提高上达到了很好的效果，课堂的活力彰显无疑。

五、 寻找对手，竞争活力

在五年级练习 8×50 米跑的过程中。大部分学生在练习的过程中吃不了苦，坚持不了，累了就直接走，甚至有一部分学生到最后就直接放弃。显然，8×50 米的成绩有一半以上的学生出现不合格。针对这一学习状态，笔者重新调整练习要求，优先告知学生等级标准，要求他们寻找三个竞争对手，并且每次记录自己成绩。

调整后发现五年级的学生有很强烈的竞争意识，且愿意为自己设定的目标认真、努力地去完成。在提供数据的前提下，让学生自己进行纵向自我评比以及横向与他人评比，提升了他们班级之间竞争意识。利用竞争机制的教学手段让学生有了明确的目标，对他们的意志力进行了磨炼。同时，点燃了他们的斗志，让学生有了强大的动力，更积极地参与到课堂中。

总之，体育与健身课是一个以身体练习为主的一门功课，与其他课堂存在着很大的差异性。笔者在教学过程中通过优化分层、以考带练、变化节奏、增设老师、寻找对手等方法和手段的教学，都是为了让学生喜欢学、乐于学，又让他们知道学的目的和意义，自觉主动地参与体育锻炼，从而增强学生的身体素质和动作技能，培养学生顽强拼搏、积极进取的优良品德。

在课堂中体育教师要善于观察、善于反思、结合学生的实际练习情况及时因人而异、对症施教，争取面对个体的差异与不同需求，确保每一个学生受益，使其在平等中学习、在快乐中学习、在竞争中学习、在实践中学习，创造充满活力的课堂。只有这样的课堂才能让学生提高兴趣、拥有学习的动力，从而提高课堂教学质量，达到教学目的，提升学生的练习效果，使其学会动作技能，最终让所有学生形成终身体育意识。

（撰稿者：颜锡平）

创意 3-5

动感课堂：让律动之花在课堂绽放

小学音乐课应该具有时代的气息和生命的活力，那就需要以"动感"教学为开端。有趣的课堂一方面能让学生感受到歌曲的丰富情感，激发其审美能力，积累其认知音乐的经验。另一方面能改进创新教学方式，改变传统的坐着不动上音乐课的单一形式。设计一种动态的课堂结构，让学生主动地、生动活泼地学习音乐，从而让学生们喜欢音乐、爱上音乐。

"动感课堂"旨在让音乐课堂充满"动感"，成为学生自主学习的舞台，提高学生自主学习的有效性，使学生真正成为课堂的主人。所以我将本课教学分为想象与体验、歌曲新授以及律动演绎三个部分，分别对应导入、新授和总结三个流程。第一部分首先选用古诗词改编的歌曲创设情境，感受春天百花齐放、温暖舒适的季节特点，用声音模拟的方法学习歌曲中的难点节奏，并分组选择不同的节奏进行师生合作、生生合作。第二部分是歌曲新授，把歌曲分成三个部分分段学习，通过分段学唱、处理歌曲，感受歌曲欢快、温暖的情绪，感知大自然中春雨"沙沙"的自然景象和种子生根、发芽、长大的自然规律。最后一部分是情景演绎，完整听赏乐曲，分组以打击乐、律动、伴唱等表演方式展示。这也是学生对本节课的反馈。

《小雨沙沙》是一年级上册第三单元"快快长"中的一首教唱歌曲。本单元以"春天"这一季节作为教学主线，引导学生回忆、感受春天的气息，通过歌唱、律动、诗朗诵、创作等表演方式来表现春天给人们带来的喜悦和希望。并从音乐体验中引导学生感受大自然的奇妙，鼓励学生去探索大自然，了解和喜爱春天，激发学生对生活的热爱。在整体感知、学唱歌曲、歌曲情感处理、完整表演等过程中，运用师生合作、生生合作、乐器演奏、模仿演唱、创编律动等方法，表现歌曲的形象与情感；能用欢快的情绪、自然的声音演唱歌曲；能唱准歌曲中衬词；能用强弱不同的力度演唱、表现歌曲引子和尾声部分的音乐形象；选择、运用适合表现音乐作品形象与情景的打击乐器与发声材料，合理组合、创编节奏音型或乐器音效进行创造性表演。

本课授课对象为小学一年级学生。一年级学生好奇心强，活泼好动，善于模仿，具备较强的表演欲望。能运用已经学过的简单地音乐基本知识，感知、聆听音乐，有良好的倾听音乐习惯。在学唱歌曲中，能简单地根据歌曲情境表现音乐形象，但合作协同与创造性的表演能力需教师加强指导。且班级中有少部分学生音乐感知能力较弱、对音乐表现兴趣不浓厚，还需教师不断引导激励，激发学生的学习欲望与兴趣。

一、 情景导入，体验节奏唤醒动感

"音乐与动作"是音乐教育新体系的内容之一，是基于奥尔夫和达尔克罗兹音乐教育体系产生的，主要是指通过训练听觉、动觉的联觉效应，激发和培养学生发现、体验和表达自身情感的能力，同时提高学生的想象与创造能力。在第一部分"情景导入"和"节奏初探"环节，突出"听、想、玩"相结合，给学生提供相应的情境引导想象，并通过拟声的方式降低难度、增加趣味，用合作为后期歌曲的完整演绎做铺垫。

本节课以情景导入，伴随着《春晓》的歌曲拍手律动进教室，待学生坐下后提出关键设问：刚才我们进教室的时候，听到的这首古诗你们熟悉吗？我们一起来诵读一遍。朗读后再提问：同学们，你们知道这首诗讲的是我们四季里的哪一个季节呢？《春晓》这首歌曲，歌词就是学生熟悉的古诗，歌曲旋律活泼，学生很快就能跟着一起唱，能立刻让学生在课堂上集中注意力，并激发出学习的兴趣。

接着，是节奏初探和模仿、练习节奏环节。笔者在 PPT 中展示图片并请学生听音效回答辨别声音（风、雨、水滴），并用板贴分别展示节奏，并在示范节奏时加入适当的动作，更适合加深低年级学段学生的印象和课堂趣味性。节奏如下：

（1）"风"：　|呼 —|呼 —|

（2）"小雨"：　|沙沙|沙沙 0|沙 沙|沙沙 0|

（3）"水滴"：　|滴 答|滴 答|

三条节奏难度并不大，而且用了生活中自然现象的拟声词增加了一定的趣味性。所以我选用自己示范学生模仿和学生示范并相互评价的方式，在熟悉了每条节奏后，师生合作练习，生演绎"风"，师演绎"水滴"，这两个节奏最简单，能让学生首次体验合作的氛围，并在合作时对演唱的强弱、节奏的稳定进行指导。之后增加难度，让学生分成两组，我带领节奏难度较大的一组进行合作，最后做到分成三组进行合作。

二、 分段学唱，把握情境探索动感

第二部分是教学活动中的"学习、体验与表现"环节，突出"听唱结合"、"听奏结合"和"听动结合"。让学生在聆听、演唱及律动中感知音乐主题，并记忆相关主题。

首先，学唱歌曲第一段。在这一环节，笔者设计先初听歌曲第一段，提出关键设问：小朋友们，请竖起你们的小耳朵，听小雨沙沙沙的落下时，种子第一次说了些什么话呢？学生回答后，教师评价，并听赏种子说话的一句，再次提出关键设问：请再仔细听一听，种子第二次的时候，说了些什么话呢？

在第一段歌词中，种子说了两句话，"哎呀呀，雨水真甜。哎呦呦，我要发芽。"这两句歌词容易混淆，所以再次单独听这两句是为了引导学生自主发现歌词中易混淆的这一难点。回答交流后我展示出易错的两句歌词并带着学生有感情地朗读第一段歌词。熟悉歌词后我自弹自唱进行范唱，并用钢琴伴奏，学生演唱，最后加入简单律动。

歌曲由歌词、节奏、旋律等要素组成。一年级的学生刚进入校园不到半年，识字能力不强，因此，在新授歌曲之前通过按节奏读歌词，并加入合适的动作来帮助学生学习歌曲。因为一年级学生易混淆歌词但是形象记忆能力较强，能通过记住下一步的动作来帮助自己理解、记忆歌词。

接下来是第一段的强弱处理，我提出关键设问："沙沙沙"是谁说的？应该是强还是弱？为什么？"在说话"是谁说的？强弱又是怎样的？

一年级的学生注意力容易分散，所以为了加深学生对歌曲处理的印象，我选择让学生示范并相互评价，再让学生自己担任小老师向全班展示正确的强弱处理，我再加入轻声的动作全班一起练习。最后再用同样的方法处理后两句的强弱，并完整演绎。

在学唱歌曲第二段时，首先在 PPT 中展示歌词，同时让学生听赏第二段，找一找和第一段不同的地方。听赏完提出关键设问：种子经过雨水的灌溉，生根、发芽了。请你听一听，种子有什么样的愿望呢？那说出自己的愿望是用"强"还是"弱"呢？学生回答后再次朗读歌词，并单独练习最后一句。

在第一段学习的铺垫下，小朋友们有了自学第二段的能力，所以我让学生分小组自学演唱第二段，并在自学后钢琴伴奏，分组展示自学成果，分组评价。并在演唱前，展示出评价要求（歌词演唱准确，强弱有表现，有感情地演唱）。最后完成演唱两段主歌部分歌词，尝试歌曲创编并请同学展示，生生互评。

最后，完整听赏歌曲《小雨沙沙》，提出关键设问：歌曲多出了哪些部分？你们知道多出来的这两句表现的是什么的声音吗？引导学生回答后展示歌词及节奏型，用沙球演奏歌曲引子与结尾部分节奏，生用"沙"模唱。

处理歌曲引子与结尾部分，笔者选择根据强弱用"沙"模唱（引子力度不变，尾声力度减弱）。加入使用沙锤模仿模仿结尾的渐弱，能加强学生的理解能力以及达到歌曲所呈现的效果。

三、完整演绎，表演呈现动感

"动感"，也是特指"动作感受"，学生用身体、动作的律动来感受音乐，获得音乐的陶醉感。所以在这一环节，我将充分发挥学生的主体性，引导学生主动参与音乐实践。

在第一片段中，学生练习了水滴、风等拟声词编的节奏，是为了给本环节做铺垫，小雨的节奏和引子部分完全相同，所以我将引导并示范：同学们，小雨一直下是怎样的感觉呢？我们一起来合作一下吧！在示范后，我将学生分组，部分同学在我的带领下唱"小雨"，其他同学跟着歌曲伴奏演唱，并在演唱前提出关键设问：小雨一直下，那演唱的力度是强还是弱呢？让学生自己回答可以使学生更准确地把握歌曲的处理。随后再选择不同的节奏让生生合作为歌曲伴奏。

最后进行综合歌表演，学生被分成三大组，自主讨论后选择不同形式进行歌表演（小组齐唱、加动作、加打击乐），讨论前我提出关键设问：我们怎么把这首歌唱得更美呢？除了我们刚才把小雨加进来了，还把小雨下的强弱也加进来了，那还有其他哪些形式呢？

分组表演评价后，我进行本节课总结：今天我们学习了一首新的歌曲《小雨沙沙》，在春天这个百花齐放的季节，春雨总是在天空中蒙蒙地下着，不辞辛劳地滋润着大地、小花、小草，让它们发芽、长大。大自然是神奇的、美好的，它欢迎我们去探索、去发现、去热爱，就请你们一起去跟它做好朋友，学习更多的大自然奥秘吧！总之，笔者的教学步骤清晰，层次分明。设计教学过程从三个方面着手，其中穿插情景导入、节奏练习、歌曲学习，到用律动的辅助处理歌曲，再到综合创编并评价，以通过音乐教育培养和提高学生感受美、表现美、鉴赏美、创造美的能力，陶冶情操，发展个性，启迪智慧，丰富和发展形象思维，激发创新意识和创造能力，全面提升学生的素质等教学理念去构思设想。教学过程都是一步扣一步，上下连接紧凑，紧紧抓住围绕主题进行教学。从教学新课及编创活动又到结束本课的始终，教学语言精练，情感丰富。音乐课堂活跃，完全调动了低年级学生的积极性，学生主动参与到音乐课堂。

在活动中注重运用学习的感悟、体验，运用灵活多变的形式达到教学目标。教学活动中，引导学生对歌曲的音乐要素感受，再让学生唱、创、合作，笔者的引导、提问、生生互评、合作表演的方式使学生在无意识中将注意力集中到歌曲上。同时，运用小打击乐、律动模仿等进行学习。在无形中更增加了对歌曲处理的记忆，也能很好地达到趣味学习歌曲的教学目标。

通过本课的学习，学生从一开始的听音看图感受"春"的意境，到用春天的自然现象的拟声词练习节奏并合作，再到能够正确演唱、处理歌曲，以及完成最后的分组表演，学生充分感受到音乐课堂的趣味性。摒弃了传统课堂中只通过听唱结合的方式，大量地增加体验性步骤，从而全方面提升学生的音乐素养。达到课标所提倡的：音乐课程各领域的教学只有通过聆听、演唱、探究、综合性艺术表演和音乐编创等多种实践形式才能得以实施。学生亲身参与这些实践活动过程，获得对音乐的直接经验和丰富的情感体验，为掌握音乐相关知识和技能、领悟音乐内涵、提高音乐素养打下良好的基础。对于低年级歌曲的学习都可以运用本教学案例方式，以此达到最好的学习效果。

本节课师生兴致盎然，课堂气氛活跃，学生始终以愉快、饱满的情绪进行学习，取得较好效果。

对于小学低年级儿童来说，要利用他们的年龄特征，因势利导，循循善诱，采用各种灵活教学手段，从而更好地使其获得乐曲所表现的情感，理解音乐所表达的内容和形象。一年级的儿童以形象思维为主，具有好奇、好动、模仿力强的特点，因而充分利用他们灵巧的形体、自然的嗓音，通过视听、律动、游戏、情景表演、节奏乐敲击等相结合的，孩子们喜闻乐见的综合手段，进行直观欣赏教学，激发和培养孩子们对音乐的兴趣，开发音乐的感知力、想象力、创造力，体验音乐的美感，从而更好地为低年级音乐唱游教学服务，实现对学生综合艺术的启迪。

我在多媒体辅助下，通过朗读、感受、分析、创造等多种形式体验音乐的韵味和春天的美，有效发挥审美教学辅助的作用。指导学生用轻松、柔和、有弹性的声音演唱歌曲《小雨沙沙》，体会用不同的速度、情绪、力度等音乐要素表现歌曲，体现新课标以音乐审美为核心的理念。

动感和流动性是音乐内在的精髓，动感音乐课堂的建立恰恰为其内在精髓找到了倾泻地。在教师引导下，学生也会在这倾泻地上拾到音乐动感流动性的美。通过学习歌曲的过程和才艺展示的过程，我注重了学生音乐感受个性的表达，体现新课标的注重个性发展和面向全体的原则。和所有艺术审美活动一样，音乐欣赏也必须从直觉感受出发，通过节奏、力度、音色、旋律、节拍、速度、和声激起想象、联想，从而进入形象思维过程，对于低年级儿童尤其如此，因此在上欣赏课中，我努力创造各种意境，加强学生对音乐动感的体验，让课堂更加生动。

（撰稿者：郜筱曼）

第四章

把生命内在的真善美召唤出来

如果说知识的传授是教学过程的物质基石，美好师德是教学过程的精神
支撑，那么教学艺术便是教学过程中的那一抹彩虹、令人赏心悦目，如
沐春风。通过具有立体感的教学过程，学生感受到的是知识之真、师德
之善、教学之美，由此，课堂教学便把生命内在的真善美召唤出来了。

为师者，教书育人也。现代教育一致认同教学的终极目标是育人。近年来，提高学生学科核心素养、学科育人成为热频词汇，我不禁思考到底希望把学生育成怎样的人，其实于人而言，生命是根本，然后才是附着在生命之上的东西。各门学科的核心素养最终都指向人的真善美，比如语文中的审美鉴赏与创造、文化传承与理解，数学中的逻辑推理、数据分析，英语中的文化品格、思维品质，历史中的唯物史观、家国情怀等不一而足，无一不是真善美的体现。通过具有立体感的教学过程，提高学生学科核心素养，从而达到学科育人的目的，在这个育人过程中，学生感受到的是知识之真、师德之善、教学之美，由此，课堂教学便把生命内在的真善美召唤出来了。

　　立体的教学过程包括知识传授的真实发生。知识传授是教育最传统的功能，但随着教育的发展，知识传授的真实发生，绝非教师一人的独角戏，而是建立在学生为主体、教师为主导的基础之上，形成学生主动参与探求新知的课堂模式。这种基于学生主动思考与探求获得的知识，是教学过程的主要基石，作为课堂教学的框架支撑犹如厚土载物般牢靠。学生感受到的是探求知识过程之真，是切实收获新知之真，是感知教师学识之真。

　　立体的教学过程包含美好师德的无痕滋润。如果将教学过程仅仅理解为知识传授的真实发生未免过于狭隘了，传授知识的丰富是育人，但只是技的积累和能的拓展。教师具备过硬的专业知识，可以支撑起课堂的皮囊，但至善的师德却是课堂的精神食粮，于无声中滋润着学生、培育着学生。师德，并非一定是如何牺牲自我成就他人的行为，更多的是教育过程中一些看似细微的举动。课堂上，教师关注每一个学生，尤其是学困生，不以错误而批评学生，而是充分利用错误资源进行课堂生成从而鼓励回答错误的学生，我认为这就是师德之善的表现。每一个生命都希望得到别人的尊重与认可，教师对学生的尊重与认可就是对学生最大的爱。

　　立体的教学过程包含教学艺术的收放自如。如果说知识的传授是教学过程的物质基石，至善师德是教学过程的精神支撑，那么教学艺术就是教学过程中的那一抹彩虹，令人赏心悦目、如沐春风。教学艺术是集形象、情感、审美、创造等于一体的课堂教学表现，具有教学艺术的课堂往往能使学生感受到课堂之美，享受到情感的愉悦，增加学生学习的兴趣，对教师及教师所教学科都将带来积极的作用。缺少教学艺术的课堂，是失去温度的课堂，教学过程的立体感也将大打折扣。机智幽默的教学语言、灵活新颖的处理各种复杂问题的方法、恰到好处的赞美、吸引学生的独特教学风格等都可以使教学过程更丰富立体。

知识求真彰显生命本真，师德至善教化人性从善，教学艺术唤醒美感意识。苏霍姆林斯基说："所有能使孩子得到美的享受、美的快乐和美的满足的东西，都具有一种奇特的教育力量。"把生命内在的真善美召唤出来也是每一个教育工作者的心之向往。

创意 4-1

焦点教学：选点启思的教学立场

课堂教学常常要抓住一些看似寻常的地方，将其作为教学的"焦点"：捕捉热点，有意识地引导孩子观察周围的生活；关注燃点，借助趣味活动有效激发儿童的兴趣；突出重点，强调关注令自己印象深刻的精彩瞬间；突破难点，从观察入门，从内容入手，搭建有序阶梯；点拨疑点，学会倾听，及时评价。总之，选点启思的教学立场，有效地激活学生的兴奋点，促使学生激发想象，促使其思维得到发展。

作文是学生语文知识和语文能力的综合表达。实践作文的探索，让孩子们真正成为作文的主人，玩在其中，做在其中，说在其中，思在其中，乐在其中，较好地进入作文训练的"佳"状态。

《我做了一项小实验》是部编语文教材三年级下册第四单元的作文教学。本单元的习作要求学生写做过的一项小实验，旨在培养学生留心观察的习惯和有序表达的能力。"观察事物的变化，把实验过程写清楚"是本次习作的要求。笔者在执教《我做了一项小实验》这篇习作的教学时，受到了徐永森老师的作文[①]教学启发，创设了"焦点"作文教学法。捕捉热点，有意识地引导孩子观察

---

① 张瑛. 用心血书写的报告——徐永森和他的《小学作文"三化"教学体系》［J］. 中小学教师培训，1994（6）：54—55.

周围的生活；关注燃点，借助趣味活动有效激发儿童的兴趣；突出重点，强调关注令自己印象深刻的精彩瞬间；突破难点，从观察入门，从内容入手，搭建有序阶梯；点拨疑点，学会倾听，及时评价。总之，选点启思的教学立场，有效地激活学生的兴奋点，促使学生激发想象，促使其思维得到发展。

一、 捕捉热点，使作文内容生活化

一篇好作文，必定要植根生活，选好题材，强调"新"字。写作最有效的途径之一便是指导学生写"生活作文"，有意识地引导孩子观察家庭生活、学校生活和社会生活，从中选择生动有趣的素材写成作文。

其实小学生每天几乎一半的时间都是在学校，丰富多彩的学校生活是他们最丰富的写作源泉。假设仍沿用之前的"课下自行实验，课中作文指导"的传统教学模式，孩子们的写作积极性不高，效果也不好。因此，笔者大胆尝试在课堂上让孩子们亲自做实验，亲身去观察，增加他们的写作感触。

实验内容的选取，教师和小朋友们一起探讨身边的各种小实验，从"放大镜点燃白纸"、"直尺静电吸附碎纸片"到"签字笔如何在水中做动态画"……最终我们确定了集趣味性和可操作性于一体的"盐水浮鸡蛋"实验。

课前，教师演示两只烧杯中同时放入生鸡蛋（一个上升、一个下沉）。老师的对比展示，引起了孩子们强烈的好奇心，为接下来分组进行实验做了良好的铺垫。同时，也明确了本节课的写作内容，激发学生写作的兴趣。看着孩子们一双双明亮的眼睛里闪烁的兴奋的光，我想孩子们的兴趣被大大激发了。

二、 关注燃点，使教学方法趣味化

有人说，"兴趣是一个人力求接触和认识某种事物的一种意识倾向，是发展智力、培养能力的重要因素"。它可以打开感情的闸门，点燃灵感的火花，开拓思维的灵犀。因此，作文教学要把激发儿童的写作兴趣贯穿在教学过程的始终。调动儿童的写作兴趣并不完全取决于教师是否能够运用娴熟的教学方法，而是要站在学生的角度，立足于生活，借助活动来启发学生的思维。从选择题材到打开思路，从快速行文到修改作文，都应涉及，当学生的兴趣被极大地激发出来之后，他们便"文思泉涌、笔走如飞"了。

想要做实验，可没那么简单，得先在老师的引导下"过关斩将"：实验前，要培养学生仔细观察的能力，培育拓展思维。第一，请学生观察做实验需要的器材，用上数量词把句子说完整。第二，教师提出实验要求："看、听、想"。

实验不是目的，而是为作文服务的。所以在做实验之前，要培养学生仔细观察、完整表达的能力。"看、听、想"三点要求，也是为了提前让孩子们带着任务去做实验，更好地记录自己的观察发现。

团队磨课时我们注重教学目标的制定：为了能把握好学段的衔接和延伸，目标上、教学过程的设计上能体现年段特点，结合整个单元主题"留心观察事物"，因此我们将课堂教学目标设定为"能够按照顺序把实验过程写清楚"、"写出我做实验的心情或有趣的发现"等，降低了之前的难度。教师结合教材上提供的信息，引导学生观察、记录。有效整合"看、听、想"来梳理板书，在观察动作、变化的基础上，结合自己的心情、发现，对学生的写作方法进行指导。

三、 突出重点，使训练序列系统化

小组合作前，在分步实验中明确习作的内容及要求。适当放慢实验的步骤，让学生一步一步仔细观察。尤其要引导孩子关注令自己印象深刻的精彩瞬间，教师随机拍照记录。

第一步，学生把鸡蛋小心翼翼地放入清水中。此时，教师指导的重点在学生交流自己观察、分享观察实验过程的方法。有些同学负责放入鸡蛋，可以谈谈自己当时的心情；有些同学可能只是在旁边看，留心身边的同学所做的动作、发出的声音，使得自己参与到实验当中。

第二步，在水中放入第一勺盐慢慢搅动，观察发生的变化。教师在这一环节重点指导学生用简洁的语言描述所观察到的鸡蛋的变化，例如鸡蛋有没有上浮、它是怎么转动的、盐溶入水中有什么变化等等，同时留心自己的感受。

第三步，在水中放入第二勺盐慢慢搅动，观察发生的情况。将这部分时间交还给学生，小组间交流自己所看到的盐水的变化、鸡蛋上浮的变化、外观有没有破损等等，在讨论间还可以留意其他小组的进展，记录好大家的语言，同

时适当留意自己的感受。

第四步，继续在水中放入盐慢慢搅动，观察发生的情况。不同小组间会产生不同的实验结果，记录下一瞬间小组成员间的不同反应，令自己印象深刻的画面、语言、心情。

本环节重在引导孩子们通过各种不同的角度观察实验的每一步，发现周围的变化，能够结合自己的心情，说说自己在实验中有趣的发现。三年级处于作文起步阶段，本堂课穿插实验，极大地调动了孩子们写作的积极性，但把握不好就会扰乱课堂纪律，为此我们制定了相应的策略：每个小组长管理好本小组的纪律。实验中教师明确本堂课的写作重点，不断地告诉孩子他们既是参与者、也是观察者，让孩子明确自己的角色定位。孩子们自己把握好实验时间，可能成功、也可能失败，灵活性比较大，让学生自己总结实验中的经验，并给予有针对性的点评。在此基础上和同学们一起梳理写作要求，根据要求进行写作和同学间点评，目标更清晰。然而，这对老师的及时性点评也有了很大的要求，要提前想到各种各样的情况，做好预设。

四、 突破难点，使技能指导结构化

在教学中，教师可以引导学生"用眼睛去观察、用耳朵去倾听、用心灵去感悟"，从而达到有话可写的目的。在"回顾实验，释疑明理"环节，学生们按顺序将实验过程表达出来，并能抓住动作、心理、语言等描写方法说说自己做实验的心情和有趣的发现。本节课最大的亮点就在教师随机出示视频，与学生共同回忆精彩的瞬间。

视频一：学生小 C 在玻璃杯中放入鸡蛋。教师引导学生表达自己当时的感受："我右手拿着鸡蛋，趴在桌子上，把鸡蛋举在玻璃杯的边缘，只等老师的口令了。可老师迟迟不开始，我的手都开始抖了。好不容易一声令下，我赶紧松手，鸡蛋就'嘭'的一声，掉下去了。"从而引导学生在之后的写作中把当时的动作、观察到的现象仔细地描写出来。

视频二：学生小 A 在不停地搅拌，小 B 在一旁干着急。于是，教师随机采访，小 B 说："我一方面觉得他太慢了，怕赶不上其他组的速度；另一方面，我又怕他手太快，把玻璃杯里的鸡蛋碰碎了。我是既纠结又担心！"鼓励学生勇于表达自己的内心感受。

如何有效指导学生写好习作主要部分是这堂作文课的重点。本环节重在指导学生在仔细观察的基础上，通过抓住关键词，合理运用表示先后顺序的词语把鸡蛋上浮的一步步过程表达清楚，这就是"技能指导结构化"。给予学生写作的扶梯，让写作不再困难重重。让学生回忆实验过程中的"有趣发现"，随机出示老师的抓拍，启发他们在适当的地方加入细节的描写可以令他们的文章增色不少。

在习作指导过程中，教师要始终不断地引导学生细心观察活动的开展，因为语言的条理性就来源于观察的顺序性和思维的逻辑性。因此，作文教学必须要强调"言之有物"，强调"从观察入门"和"从内容入手"，循序渐进，分步实施。小学生的情感和情绪，既是他们作文的内驱力，也往往是他们作文的中心思想所在。因此，我们要创造条件，从激发情感和情绪入手进行作文训练。教师为学生搭建写作的有序阶梯，由扶到放，学生有路可走、有话可说，写作也就不再困难重重。

五、 点拨疑点，使作文讲评即时化

评价学生的作文是作文教学的重要环节。教师首先要学会用心倾听。真正的倾听意味着肯定、认同、尊敬，其次，教师要学会及时给予评价，让学生正视作文中存在的问题或闪光点，内化语言，及时修正。评价的话不在多，而在于有建设性的意见。

基于写作内容确定和写作方法指导，学生的写作欲望被充分地调动了起来，通过"课堂小练笔"将自己最真实的想法和状态记录下来。在习作交流环节，学生展示习作并朗读，让学生来当堂评价，体验新的作文评价方式，调动学生的写作积极性，同时也能提高学生的作文水平。只有及时评价，才能给学生带来亲和力、感染力、推动力。

综上所述，本节课捕捉了学生生活化的"热点"，选取了他们感兴趣的游戏；趣味化的课堂实验激发了他们的"燃点"；在实验环节教师突出"重点"，系统化地序列训练，引导孩子们通过各种不同的角度观察实验的每一步，关注实验中有趣的发现；而写作环节则突破"难点"，重在指导学生通过抓住关键动词，合理运用表示先后顺序的词语把鸡蛋上浮的一步步过程表达清楚。给予学生写作的扶梯，让写作不再困难重重。当然，即时化的习作点评能够帮助学生明晰"疑点"……在小学语文习作教学中，要抓住一些看似寻常的地方，将其作为教学的"焦点"，有效地激活学生的兴奋点，促使学生发挥想象，促使其思维得到发展，久而久之，他们的习作能力会有所提高。[①] 让作文回归生活，让学生"用我心思我事，用我手写我口，用我口抒我情"，这样才能写出贴近生活和充满真情的作文来。

（撰稿者：李慧琴）

---

① 郭亚丽. 抓住教学"支点"，构建语文高效课堂 [J]. 语文天地，2020（21）：21—22.

绘本教学：图文并茂的文化导入

　　要学好语言不仅需要对文化知识的掌握和理解，更需要知道如何得体地表达出来，而培养文化意识是得体运用语言的前提保证。通过观察我们不难发现，绘本的图文并茂和言语简练深受小学生的喜爱。因此，在课堂教学中，借助绘本资源，进行文化导入，通过"发现"、"捕捉"和"探究"的教学方法来培养学生的文化意识，实现学习语言的交流目的，行之有效。

　　语言有着丰富的文化内涵，它是一个载体，它所承载的是一个民族的文化，因此了解英美文化与英语学习息息相关，世界上不存在没有文化的语言，要学好英语离不开对文化的学习和理解。在小学英语教学中，对学生进行文化意识的教学，能够让学生深入了解英美国家的文化背景，对语言形成一种极强的敏感度和洞察力，更好地理解其中的表达形式，从而能够更好地掌握英语语法和提高语言交际的能力。

　　我们知道在小学英语教学中培养学生文化意识的措施有很多，但关键是要遵循小学生的年龄特点、认知能力和学习规律。通过观察，我们不难发现，绘本具有图文并茂、言语简练等特点，受到很多小学生的喜爱。在小学英语教学过程中，利用绘本进行教学，能够让学生的思维维持在原汁原味的英语语境当中，有利于学生的英语学习，更能够有效避免学生在英语学习中出现中式思维学习英语的情况，培养学生的文化意识、锻炼学生的跨文化交际能力。因此，作为一线的小学英语教师，有必要好好研究如何利用好绘本这一资源去提高学生的阅读能力以及文化意识的培养。

下面以《Oxford English》4BM2U3 P3 "Earth Hour" 为例，来谈谈如何借助绘本资源，在教学中对学生进行文化意识的培养。教师课前根据课本教材的内容，收集了大量的图片、"Earth Hour" 的活动时间、"Earth Hour" 的活动意义、"Earth Hour" 的活动方式等，使用本课时的核心句型 be doing 的语句，加上已经学习过的一般现在时的语句，汇编成了一本绘本：

绘本内容引言：

T：Hello, boys and girls! It is Earth Hour now. Many people turn off the lights. What can people do in Earth Hour? And what are they doing now? Let's go and have a look.

绘本首页插图如下：

绘本语段 1：Hello, I'm Alice. I usually watch TV with my parents at night，but now we are looking at the stars. My dad is telling me a lot about the stars.

绘本语段 2：Hello, my name's Kitty. I usually read storybooks with my brother Ben before bedtime，but now Grandma is telling us a fairy tale.

绘本语段 3：Hello, I'm Sally. I usually do my homework at night，but now we are chatting with our parents. They are telling us a lot of interesting stories about themselves.

本课时的文化意识为：在 Earth Hour 的语境中，让学生体验并了解 Earth Hour 是一项世界范围内的环保活动，并让他们了解到它对环境保护的现实意义。

一、 图文对照，发现文化信息

绘本是图画书的一种，指的是一类带有绘画和少量文字的书籍，它的图文并茂深受小学生的喜爱，因此被誉为"儿童阅读的最佳书籍"。英语绘本在扩展学生的英语视野的同时，又可以培养学生的文化意识，从而提高英语学习的能力。学生可以凭借图画书的直观性观察图片，丰富自己的想象力，并且感受中外文化的差异性。

案例实况：

由于教师在绘制"Earth Hour"绘本时，插入了大量的相关主题的图片，学生们在起初翻看时都会被这一幅幅生动的图片所吸引，并不时地提出问题：What's the meaning of "Earth Hour"?

T：Look，this is our earth. The earth is our home. But now our earth is destroyed. Please see a video.

（See a video）

T：What can we do?

S：We must save the earth. We can turn off the lights for an hour.

意图：通过观看人类破坏自然环境的录像，创设真实的情景，使学生了解故事的主题、明白"地球一小时"的含义、感受到美好环境的重要性，激发学生爱护地球家园，树立环保意识。

由此可见，小学生的读图能力超强，简单的几幅图片就可以引发他们的好奇心，发现与他们平常所接触事物的不同，这样有助于他们很好地理解教学内容、进而了解中西文化的差异。

二、 中西对比，捕捉文化差异

在小学英语课堂上，绘本的使用不仅可以帮助学生巩固学习内容、提高自主学习的能力，还可以帮助学生开阔视野、了解中西文化的差异。中外文化有差异，但也有相通之处，对于共同的良好文化，教师应引导学生学会继承。

案例实况：

在"Earth Hour"绘本中有一处细节：Alice、Kitty 和 Sally 在自我介绍时都没有说年龄，然而在实际课堂教学中，在教师教学完语段后，让学生进行 role play 时，学生们习惯性都会加上 I'm ten years old. 这样表示年龄的语句。这时教师就可以告诉学生，在这个讲述年龄的问题上，中西方存在着些许差异。在中国询问年龄很平常，但在国外问女士年龄时，她们常常会婉转地回答："Sorry, it's a secret." 因为西方人认为年龄、收入、去向等属于个人隐私，他们是不愿意以这些内容为话题的。尤其是妇女，她们都希望自己在对方眼中显得精力充沛、青春永驻，因此对自己的年龄秘而不宣。

中西方文化的差异还有很多，教师也可以搜集一些有趣的外国文化，作为课堂导入内容，调动课堂气氛。如向学生介绍国外姓氏顺序，并穿插一些姓氏趣闻；讲述国外的住宅、天气、人情世故、旅游名胜等，甚至可以结合学生当前感兴趣的影视动画，进行文化差异的讲述。

三、 辨析对话，探究文化内涵

语言具有丰富的内涵，是文化发展的重要载体。为了让小学生理解和使用英语，他们必须对这些国家的历史、文化和传统有一定的了解。因此，在小学英语授课过程中，教师应自觉加强语言与文化的联系。在深入了解中国传统文化的基础上，引导学生充分学习和掌握英语国家的文化，提高小学生语言交际的能力，使学生真正说出地道的英语。

案例实况：

"Earth Hour" 绘本中有这样一段对话：

T：How many members are there in your family, Kitty?

K：There are six. Grandpa, Grandma, Dad, Mum, Sam and me.

T：Is Sam your brother?

K：No, Sam is my lovely puppy.

通过这段对话，学生不禁会问：为什么小狗也是 Kitty 家的一员呢？这时教师就可以给学生讲一讲西方人的"宠物情结"和"宠物文化"。不同的民族有自己不同的"图腾"（totem）动物，也就是说每个民族都有自己喜爱的动物，所以"宠物"具有鲜明的民族性、地域性。中国人养狗是为了看门防盗，素有"看门狗"之说，西方人养狗是为了陪伴自己，人们把狗视为宠物，视为忠实的朋友，所以在中西方人的眼里，对狗的感情就截然不同。中国人一般厌恶狗的习性，鄙视狗，常用狗来形容坏人坏事，诸如：狼心狗肺、狗眼看人低、狗改不了吃屎……西方人看中狗的跟随与忠诚，喜爱它，赞美它，把它喻作人，亲切地称之为 he，英语中关于狗的习语远远超过汉语中的狗的习语，诸如：a lucky dog（幸运儿）、a clever dog（聪明小孩，伶俐的小伙子）、gay/jolly dog（快活的人）、work like a dog（拼命工作）、Every dog has his/its day.（凡人皆有得意日）等等。

通过运用绘本进行对话，比较两种文化，学生能够了解一些西方国家的文化禁忌和习俗。教会学生说话并不困难，说好英语的关键是要了解文化的差异，帮助学生增加国外文化的教学内容，提高他们的文化交流意识，这是我们作为教师的责任。

　　综上所述，语言与社会文化有密切的联系，如果我们只是单纯地学习语言，不去理解它的文化，并不能解决学习中所有的实际问题。通过实践证明，利用图文并茂的绘本资源培养学生文化意识是一种非常有效的教学方法。在进行文化意识培养的时候我们应该因材施教，选择适合小学生认知特点的绘本资源，进行文化导入，努力营造交流的语言环境，培养学生强烈的文化意识。只有这样，才能最终实现英语交际能力的培养，实现学习语言的交流目的。

（撰稿者：何萍）

导读教学：开启学生与文本的对话

"导"必须是因势利导，所谓的"势"，就是学生思维的走势，即思维动向所呈现出来的端倪与态势。教师只有全方位捕捉"势"的内容、走向，才能充分调动学生学习的积极性、主动性，"导"出"读"的理想效果，开启学生与文本的对话。导读教学可以通过导趣、导思、导练来激发学生阅读兴趣、培养学生分析文本的能力、加深学生领悟文本的内涵，旨在拓宽、拓深学生的理解领域，培养学生分析、理解文本的综合能力。

《义务教育语文课程标准（2011 年版）》指出："阅读教学应注重培养学生感受、理解、欣赏和评价的能力。"[①] 可见，理解能力在阅读教学中具有重要性。小学中高年级语文教学，明显区别于低年级，课文从篇幅上看，长了很多；从内容上看，难了很多；从理解的角度上看，更高深、更多样化了。针对于这种变化，要想提升学生的阅读理解能力，就必须要立足文本、吃透文本，并从中寻找和挖掘提升学生阅读理解的"闪光点"。

导读教学在小学语文中愈来愈受到老师们的普遍重视，而"导"在导读教学中占有比较重要的作用，"导"必须是因势利导，所谓的"势"，就是学生思

---

① 中华人民共和国教育部. 义务教育语文课程标准 [S] 北京：北京师范大学出版社，2012：10.

维的走势，即思维动向所呈现出来的端倪与态势。教师只有全方位捕捉"势"的内容、走向，才能充分调动学生学习的积极性、主动性，"导"出"读"的理想效果，开启学生与文本的对话。导读教学可以通过导趣、导思、导练来激发学生阅读兴趣、培养学生分析文本的能力、加深学生领悟文本的内涵，旨在拓宽、拓深学生的理解领域，培养学生分析、理解本文的综合能力。笔者结合近年来的教学经验，从利用文本魅力引导理解、关注文字特点促进理解、挖掘表达点位深化理解三方面尝试导读教学，旨在提升学生阅读、分析、理解文本的能力。

一、 导趣：利用文本魅力引导理解

"兴趣是最好的老师"。学生有浓厚的阅读兴趣，是提升阅读理解能力的重要前提。针对小学语文课堂教学，要想引发学生对文本的阅读兴趣，就要求我们要钻研文本，找到引发学生阅读兴趣的着眼点和生长点，挖掘语文本身的魅力去打动和吸引学生，让学生潜心会文感悟到文本魅力，从而引发学生阅读的兴趣。

（一） 巧用课题吸引学生"眼球"

课题也通常被称作"题眼"，或浓缩了课文的精华，或点明了课文的主旨，或揭示了课文的写作线索。所以，我们可以利用课题来吸引学生的眼球，让学生通过课题来引发对课文内容的阅读兴趣，从而能更好地学习和理解课文。

例如：在统编语文教材五年级上册第六课《将相和》教学中，可以引导学生：课题为什么叫"将相和"？"将"和"相"又分别指谁？为什么要说"和"？他们为什么不和，有什么矛盾？后来是怎样和好的？这个课题不但一下子深深地吸引了学生的眼球，也让学生对新课（即这一历史故事）产生强烈的求知欲，更是大大提高了学生的阅读兴趣。

（二） 善用课文与学生生活结合处激发学生的"兴奋点"

在很多课文中，都能找到与学生实际生活之间的结合点，可能是学生自己熟悉的事，感兴趣的事，亲身经历的事；或是学生熟悉感兴趣的一个景点，一种小吃，一个节目或一项活动等。我们可以充分利用这些结合点，通过学生亲身经历或发生在身边的实例，来激发学生的"兴奋点"，从而引发学生对课文内容的阅读兴趣。

　　例如：在统编语文教材五年级上册第四课《珍珠鸟》教学之前，先问问：小朋友们有没有养过什么动物？你是怎样逐步得到小动物的信赖的？和小动物之间有没有发生过什么有趣难忘的事？这样一下子就激发了学生的"兴奋点"，再引入："文中的作者和你们一样也很喜欢小动物，我们一起去看看他和小动物之间是如何逐步建立感情，得到小动物的信赖的。"学生将迫不及待地去阅读课文。

二、 导思：关注文字特点促进理解

　　在与文本的对话中，我们不难发现大部分课文中，总有那种"牵一发而动全身"的"点"。或一词、或一句、或一段、或开篇、或结尾。只要找准以上的这些文字特点，通过精心设计，突出重点，就可以引导学生从整体感知课文，并对文本留下深刻的印象，从而促进了学生的理解。

　　（一） 抓住关键词句理解课文

　　如果我们仔细地阅读和品味语言文字，就会发现课文中有许多高度概括、内涵丰富的关键词句，这些词句对表达文章的主要内容起着很大的作用。通过抓住这些关键词句进行教学，不但可以促进学生的理解，而且还能达到一定的深度，体会其准确、恰当和巨大的表现力。

　　以统编语文教材四年级下册第三课《天窗》一文为例，课文两次出现了"这时候，小小的天窗是你唯一的慰藉"。教学时，可以抓住这句关键句带着学生走进课文：在什么情况下，小小的天窗成了孩子们"唯一的慰藉"？从而了解"天窗"对孩子们来说有着怎样的意义，从中进一步体会到课文表达的思想感情，更深刻地理解课文。

　　（二） 抓住开头、结尾段理解课文

　　课文的开头、结尾段往往是对全文内容的概括和总结，更是点明了文章的中心，起到深化主题的作用。抓住了课文的开头和结尾教学，也就相当于抓住了课文的中心和主旨，对理解起到了促进的作用。

以统编语文教材五年级上册第 5 课《搭石》为例："一排排搭石，任人走，任人踏，它们联结着故乡的小路，也联结着乡亲们美好的感情。"结尾言简意赅地回顾了全文，更点明主旨。教师可以结合结尾引导学生："为什么说搭石联结着故乡的小路，也联结着乡亲们美好的感情?"带着这个问题，相信学生已经迫不及待地要去寻找答案了，带着这种心态去学习课文，相信效果是显而易见的。抓住了这句话，也就等同于抓住了本文的中心和主旨，无疑加深了学生对课文更深层次的理解。

三、 导练：挖掘表达点位深化理解

为了帮助学生更好地理解课文，不但要让学生知道作者写了什么，更要知道作者为什么这么写，这么写是为了表达什么? 所以教师要引导学生走进文本，入情入境，与作者产生情感共鸣;与此同时，关注文本的言语形式，学习作者表情达意的方式、方法;挖掘与文本内容相关的表达素材，捕捉表达训练点，设计适合学生特点的、多维度、多形式的训练，以表达来深化学生的理解。

（一） 概括段落大意，领悟作者的行文思路

行文思路是作者按照一定的条理表达思想的路径、脉络。如果循着作者的思路去探究，就一定会发现文章的匠心独到之处。概括段落大意实质上就是在梳理行文思路。行文思路一旦理清了，文章的各部分内容就会串联起来，原来的不解将豁然开朗，文章的重点也会凸显，就更容易把握文章的主旨，无疑深化了学生对文本的理解。

例如：在统编语文教材四年级上册第 17 课《爬天都峰》一文的教学中，要想让学生清楚地概括出课文写了一件什么事，颇有难度，首先要告诉学生本文是一篇写事情的文章，写事情要按一定的顺序写。通过学习知道了本课是按照爬山前、爬山中、爬上峰顶后的顺序来写的，再让学生分段并概括段落大意、概括课文内容就容易多了。通过这样的方法，不但很容易理清了本文的行文思路是按照事情发展的顺序来写的，更加深了学生对课文的理解。

（二）仿写经典段落，体验作者的表现手法

表现手法也可被称作是写作方法、写作技巧或表达技巧，是指作者在行文措辞和表达思想感情时所使用的特殊的语句组织方式，往往都是通过某个经典段落呈现。所以，可以通过仿照这些经典的段落，写出自己的所见、所闻、所感。通过这样的仿写，不但让学生学习和体验了作者的表现手法，也在这过程中进一步体会了课文内容，从而加深了学生对课文的理解。

例如：在统编语文教材三年级下册第 18 课《富饶的西沙群岛》一文中，有这样一段："鱼成群结队地在珊瑚丛中穿来穿去，好看极了。有的全身布满彩色的条纹；有的头上长着一簇红缨；有的周身像插着好些扇子，游动的时候飘飘摇摇；有的眼睛圆溜溜的，身上长满了刺，鼓起气来像皮球一样圆。各种各样的鱼多得数不清。"多么生动活泼的语言，多么唯美的想象。此时就可以结合学习生活中各种情景，如体育课上、课间等进行仿写。这样加深了对课文内容的理解，并进一步体验了作者的表现手法。

（三）填补课文"空白"，感受作者的写作意图

很多课文中，其间隐藏着许多"空白"，这些"空白"并非是作者的疏忽，而是作者有意留给读者思考、感悟的空间，引导学生以自己的想象填补，从而获得对课文个性化的理解。所以，"补白"的训练，将进一步了解和感受作者的写作意图及表达的主要思想感情，不但发挥了学生独特的想象力和创造力，更加深了课文内容的认识和理解。

例如：在部编语文教材五年级第一学期第 10 课《牛郎织女（一）》一课中的留白："姑娘穿上纱衣，一边梳她长长的黑头发，一边跟牛郎谈话……"此刻教师可以引导学生发挥想象，进行补白：织女第一次来到人间，第一次见到牛郎，会对他说什么呢？通过这样的训练，不但增强了画面感、唯美感，更是为下文牛郎和织女在一起幸福的生活做了铺垫，激活了学生的思维，促进了积极的表达，更帮助学生加深了对课文内容的理解。

总之，导读教学是学生、教师、文本之间对话的过程。教师对文本的解读是语文教学的重要组成部分，是高效的阅读教学的基础与前提，决定着学生对

文本的感知、理解与领悟。文本是作者与读者沟通的唯一桥梁，只有真正做到正确解读、深入研读文本，才能真正把握作者情感与写作意图，才能真正走进作者的心灵，阅读理解能力才能真正得到提高。

（撰稿者：陈蕾）

创意 4 - 4

概念教学：基于核心素养的教学思维

严谨的概念教学是核心素养培育的重要议题，是分析问题和解决问题的基础，对于系统知识学习有着至关重要的作用。概念教学应从学生已有的生活经验出发，引导学生在直接经验感知和旧知迁移中形成概念表象；在问题推进中思辨明理，构建概念体系；在动手操作过程中内化概念生成，进而学会变式应用概念。

核心素养是每个学生应该具备的，是能够适应终生发展和社会发展需要的必备品格和关键能力。数学知识的学习是学生获得数学素养的重要途径，数学概念又是数学知识体系的基石。数学概念是客观现实中的数量关系和空间形式的本质属性在人脑中的反映。根据皮亚杰的儿童认知发展阶段理论，低年级学生以具体形象的思维为主，这与数学概念的抽象性、概括性形成鲜明的对比；到了中高年级，尽管学生的身心特点开始由具体形象思维向抽象思维过渡，但是数学概念的抽象性也大幅增加，给学生的数学概念学习带来了巨大的挑战。

在传统的小学数学课堂中，存在着教师对概念教学重视程度不够的现象，对学生的数学概念形成过程缺乏科学性指导，出现重结论轻过程的教学方式，导致学生学习数学概念兴趣不足，概念意识模糊。教师这种教学方式显然偏离了培养学生核心素养这一轨道，所以教师一定要重视数学概念的形成过程，在学生清晰地掌握了数学概念的基础上，帮助他们深入学习数学知识。

一、 利用经验、激活旧知，形成概念表象

在数学教学中，我们会发现，学生从生活中积累了许多有利于数学概念形成的经验，这些是学生理解和掌握数学概念的重要前提。在小学教材中，数学概念学习大部分是从生活经验引入，或者利用旧知识来引导学生通过直观的形象、新旧知识的紧密联系不断迁移，建立表象形成概念。

在沪教版数学第一册《物体的形状》教学中，教师很难凭借语言解释长方体、正方体、圆柱体、球的概念，即便将这些数学概念告诉学生，学生也很难理解。这时，教师可以利用学生已有经验，从学生熟悉的积木引入，有助于形成正确的表象。再比如，在沪教版数学第五册《轴对称图形》的教学中，利用课件提供了丰富的图案，包括建筑、剪纸、生活用品、数学图形等，学生在感受图案美的同时形成表象，为概念理解埋下伏笔。在沪教版数学第四册《角》的教学中，学生在上学期已经认识了角与直角，并在寻找生活中的直角中渗透了比较角的大小的方法。所以在这节课中，可以通过学生画一个自己喜欢的角引入（这是对角的复习），然后从学生画的角中寻找各种角组成学习资源，接着将这些角分类，学生很快可以将学过的角和没有学过的角进行分类，教师引导，通过与直角比一比，得出锐角和钝角的概念。

小学生认识新事物需要直观形象，遵循"感知——表象——概念"的规律，只有把数学概念置于学生熟悉的生活情境中，才能促使学生获得直观感知，形成表象，从而抽象出概念①；只有将新知识与旧知识紧密联系，才能帮助学生形成良好的概念体系，培养学生的抽象能力。

二、 问题驱动、思辨明理，构建概念体系

美国教育学家布鲁姆将认知领域的目标分为六类，在概念课中，学生关于理解、运用、分析方面的认知能力发挥主要作用，给我们带来的启示就是要多提供给学生理解性的问题、应用性问题和分析性问题。而传统的课堂教学中教

---

① 阮有生. 小学数学概念有效教学的几点做法［J］. 小学教学研究，2014（4）：23—24.

师采用一问一答的这种"乒乓式"授课模式，学生按照老师提供的思路思考问题，思维会被僵化，只会解题，失去创新能力。

在沪教版数学第九册《认识平均数》的教学中，可以将预设的问题串在一起构成下面的问题串，引导学生在问题推进中充分思考，逐步构建数学概念。

序号	问题串	设计意图分析
1	谁获胜了？你是怎样想的？	问题1中，在男生女生人数相同时，学生可以通过射门总数来判断；但是问题2中当人数不同时，学生认识到原有知识结构中数据处理方式并不合适，从而进一步思考这时该怎么办。
2	现在女生队的进球总数与男生一样多，怎么办？	
3	20、4、5分别是什么含义？为什么除以4而不是除以5？	学生通过计算、思考、辨析算式中数字的含义，建构平均数的概念。
4	20、5、4分别是什么含义，为什么除以5而不是除以4？	
5	平均数5是指每个男生实际都进球5个吗？你是怎么看出来的？	学生通过对两个问题的充分讨论、分析，进一步理解平均数。
6	谁进球的个数和平均数一样多？它们表示的意思一样吗？	
7	（1）12个苹果平均放在4个盘子里，每个盘子里有几个苹果？ （2）4个盘子里共放了12个苹果，平均每个盘子里有几个苹果？	学生对于平均分和平均数概念界定不清楚，所以出示两道辨析题，学生在思辨中区分概念。
8	小胖说："我身高140厘米，在游泳池里走一圈一定不会有危险。"	这是平均数概念在生活中的应用，学生通过辨析这句话，再次巩固平均数的概念。

以上的数学问题构成的问题串包括了理解性、应用性、分析性的问题。数学课堂提问宜大不宜小，只有教师问题问得大，学生才会有积极自主探索的兴趣，才有思考的空间，学生表述的语言也更丰富。教师需要针对数学概念设计层层推进的问题，引导学生像搭脚手架一样，一层一层逐步搭建，培养学生的

建模能力。

三、 动手操作、内化生成，体会概念应用

学习数学概念的根本目的在于用数学概念解决生活中的数学问题，提高学生解决问题的能力。在中高年级有一类应用题学生比较难理解："一条人行道长16米，宽4米，如果用边长为2分米的水泥方砖铺地，需要这样的水泥方砖多少块？"类似于这样的"铺墙砖、铺地砖"的问题，学生欠缺将习得的数学概念运用化解现实生活中的数学问题的能力。因此，教师应当有意识地引导学生刨根问底，体验概念的生成的过程并强化概念的应用。

追溯到沪教版数学第五册《长方形与正方形的面积》这一课中，如果教师在教学过程中直接将"长方形的面积＝长×宽，正方形的面积＝边长×边长"这两个计算公式灌输给学生，而忽略了公式推导的过程，那就抑制了学生概念生成的过程，那么学生碰到实际问题就很难解决。

在推导面积计算公式时，教师可以提供给学生一定的学具，例如，一个长4厘米，宽3厘米的长方形纸片，一些边长为1厘米的小正方形纸片。学生在动手操作过程中发现长方形面积的计算方法："看一行有几个这样的小正方形（面积单位），有这样的几行？"或者问"一列有几个这样的小正方形（面积单位），有这样的几列？"，从而总结出"长方形的面积＝长×宽"或者"长方形的面积＝宽×长"。以此类推，到了五年级学习长方体与正方体体积的时候，也可以使用这样的方法，看大长方体里面含有多少个小正方体（体积单位）。

综上所述，数学概念教学的重点在于透过事物的现象发现本质，难点是概念体系的生成过程。章建跃教授认为："从数学知识发展过程的合理性、学生思维过程的合理性上加强思考，这是落实数学学科核心素养的关键点。"[①] 教师有必要引导学生追根溯源，在动手操作中体验概念生成的过程，不仅要知其然，更要理解、知其所以然，培养学生的问题解决能力。

数学知识体系的构成离不开数学概念，数学概念的教学是提升学生核心素

---

① 章建跃. 数学核心素养如何落实在课堂［J］. 中小学数学,2016（03）:66.

养的关键路径。教师要将核心素养的培养融入到每节概念课的教学，细化到教学的每一个环节。在教学中充分引导学生在直接经验感和旧知迁移中形成概念表象，同时通过设计问题推进学生思考构建概念体系，在动手操作中体会概念生成，进而学会变式应用概念。

（撰稿者：李杏）

创意 4 - 5

批注教学：引领儿童走进深度品悟的殿堂

批注教学，让学生在自主阅读中自行阅读、注解、圈评，在阅读材料上留下思索的轨迹，刻上认知的烙印。古诗词的批注教学，可从韵律入手，熟读精思，批出诵读深度；从内容入手，咬文嚼字，批出会意深度；从留白入手，展开想象，批出悟情深度。批注教学保证了学生的主体地位，使学生的古诗词阅读和鉴赏能力得到有效提升。

古诗词语言精炼、意境高远。统编版语文教材中经典古诗词的篇目明显增多，意图增强学生对传统文化的接受和理解能力，提升学生语文素养。目前的古诗词教学，或"重读略解"，或囿于字意之中，纠缠于词句之间，或介绍古诗词创作的背景和作者生平，而忽视学生对古诗词的理解和感悟。在这类机械式的浅层学习中，学生只能被动地记忆书本知识和教师所讲授的内容，很难深入理解古诗词的思想感情，更谈不上感受经典语言的魅力。这些因素使得古诗词教学成为小学高年级语文教学中的一大难题。语文古诗词的深度学习，就是希望我们的课堂不再是"风头无两"的表面热闹，而是更多地将课堂还给学生，使其在阅读过程中深入理解诗歌内容，潜心品味诗歌的意境，真切感悟诗歌的情感，从而不断提高其古诗词鉴赏和语言表达能力。

所谓批注教学，"批"即是指于文中奇妙处、动情处、有感悟处等进行评点，写下自己的主观感受；"注"是指用符号或文字甚至是颜色等做的任何标示。① 在小学高年级语文古诗词教学中，我积极把握住了机会，组织学生在特定内容上进行批注，既有利于学生养成"不动笔墨不读书"的好习惯，更能让他们与文本进行深度对话，产生丰厚的思考、体验、理解和感悟，才能真正走进深度品悟的殿堂。

一、从韵律入手，熟读精思，批出诵读深度

古诗又叫诗歌，在古代既是诗又是歌，特别讲究押韵、平仄，读起来朗朗上口，具有音乐的节奏，富有音律美。感知韵律美最直接的方式便是读。学生在朗读中可以用不同的语调、语速、停顿、节奏，读出古诗的音律美，既是古诗教学的内在要求，也有助于学生深入感受经典诗文的意境和情感。②

小学高年级学生课内外已经积累了不少古诗词，对诗歌的停顿规律和朗读节奏等有了一定的学习经验，基本都能正确感知并作出批注。在学习《闻官军收河南河北》时，我要求学生诵读古诗，并对朗读停顿、语速和节奏等做批注。学生做出的批注不禁让我刮目相看：

例1：

剑外/忽传/收/蓟北，初闻/涕泪/满/衣（裳）。

却看/妻子/愁/何在，漫卷/诗书/喜/欲（狂）。

白日/放歌/须/纵酒，青春/作伴/好/还（乡）。

即从/巴峡/穿巫峡，便下/襄阳/向/洛（阳）。（押 ang 韵）

例2：

剑外/忽传/收/蓟北，初闻/涕泪/满/衣裳。（稍慢、惊喜）

却看/妻子/愁/何在，漫卷/诗书/喜/欲狂。（语调上扬）

白日/放歌/须/纵酒，青春/作伴/好/还乡。（抑扬顿挫、稍微拉长）

---

① 冯霞. 引导有方　批注得法［J］. 华夏教师，2019（03）：79—80.
② 衡月萍. 浅谈古诗教学之"三到"［J］. 小学教学参考，2008（27）：47.

即从/巴峡/穿巫峡，便下/襄阳/向/洛阳。（语速快）

再如诵读《枫桥夜泊》时，学生做了如下批注：

例1：

月落乌啼/霜满天，江枫渔火/对愁眠。

姑苏城外/寒山寺，夜半钟声/到客船。

例2：

月落乌啼/霜满天，江枫渔火/对 愁 眠。

姑苏城外/寒山寺，夜半钟声/到 客 船 。

（这首诗应用缓慢深沉的语调朗读，因为我从"愁"和"客船"初步了解到作者此时应该漂泊在他乡，感到孤单和忧愁。）

学生边读边对古诗词的乐律作出简单的批注，再对照着批注有节奏、有感情地朗读，在读中悟、悟中读，通过朗读去体味古诗词的优美词句、鲜明的节奏感、浓烈的艺术感染力。这样的方式能够有效提升学生的诵读能力，掌握了更多古诗词诵读的技巧，同时也促使其深入理解古诗词内容，进一步体会内涵。

二、 从内容入手，咬文嚼字，批出会意深度

"为求一字稳，耐得半宵寒。"诗人作诗往往呕心沥血、反复推敲。古诗词用语精雕细琢，虽然字数不多，却往往用得恰到好处。因此，在学生对于古诗词诵读达到一定的深度时，教师进而要引导学生对古诗词的内容进行咬文嚼字，即品词析句，通过咬嚼字义、句义，或是揣摩修辞手法，对隐藏在句子之中的情感、态度与价值观进行研读、品味和赏析，领悟每句、每段或全文的好处所在，并作出相应的批注。以下是课堂中学生作出的批注：

例1：春风又(绿)江南岸，明月[何][时]照我[还]。（"绿"字把春风拟人化，也写出了春风给周围带来生机的动态感；从"何时"和"还"这两个词中，我读出了作者迫切渴望返乡的强烈愿望。）

例2：死去元知万事空，但(悲)不见九州同。（一个"悲"字，暗含了作者临终前未看到祖国统一的遗憾。）

例3：牧童归去(横)牛背，短笛无腔(信)[口]吹。（牧童横坐在牛背上，随意地吹，表现出了他的调皮天真和悠闲自在。）

对古诗词内容的理解和批注过程中，学生收获知识的同时，也会产生疑惑。有关句义、内涵等基础方面的疑难，学生可以利用手中的工具书研究探寻，反复思索；也可以在自主批注后质疑，大家一起来讨论交流，共同答疑解惑，获取真知。通过沟通交流、争辩与讨论，学生对于文本的含义不仅准确而且深刻。

三、 从留白入手，展开想象，批出悟情深度

雨果说："想象就是深度。"古诗词最突出的特点在于"含蓄隽永"、"言有尽而意无穷"，它用寥寥数语表达极其深刻的内涵，给读者留下丰富的想象空间。教师在教学时，可以引导学生在留白处展开合理的想象，进行适当的批注，填补古诗词中的空白，才能深入作品内部，走入作者创设的意境，感悟诗词意象带来的整体画面，体会作品蕴含的诗情画意。①

例如学习杨万里的《稚子弄冰》一诗，这首诗描写幼童在严寒天气弄冰玩耍、自得其乐的场景和动作，但是幼童弄冰时的神态和心理变化，就需要学生自己按照合理的想象补充。有学生发挥丰富的想象力，揣摩了幼童的神态进行批注，从而进一步感受到幼童的可爱，体会到作者对孩子的喜爱之情。具体

---

① 顾绍艳. 如何把握高年级古诗教学的深度［J］. 才智，2008（06）：88.

如下：

稚子金盆脱晓冰，彩丝穿取当银铮。

（欣喜） 　　　　　　　　（小心翼翼）

敲成玉磬穿林响，忽作玻璃碎地声。

（得意扬扬） 　　　　　　（懊恼）

再如，学习王昌龄的《从军行》时，为了让学生领悟诗的意境，我主要从几个方面引导学生展开想象：（1）结合插图思考边塞的环境如何？（2）战士们的生活是怎么样的？（3）他们会想些什么？（4）他们是怎么说、怎么做的？

学生做了这样的批注：青海一带阴云密布，烽烟滚滚，遮暗了皑皑雪山，孤城与玉门关遥遥相对。将士身经百战，铠甲已经被飞扬的黄沙磨得破旧不堪，想到自己离开家乡来到塞外已经好几年了，心中不禁挂念起了家中的亲人。但转念一想，有国才有家，此刻国家需要自己，于是坚定地发出这样的豪言壮语："不消除边患，决不返乡！"

给予学生充足的想象空间，让学生感悟古诗词的情、意、韵。这样学生才能体会到诗人的万千思绪。

综上所述，在批注式阅读教学的引领下，学生变被动为主动，对于古诗词的学习越来越有动力，学习效果也越来越好。在这个过程中，学生逐步提升诵读深度、会意深度和悟情深度，对文章的理解越来越丰富、深刻。

在实施古诗词的批注式阅读时，教师一定要保证学生有充足的时间进行自主阅读和思考，这样才会使批注阅读具有高效率。要坚持循序渐进的原则，对于学生批注的内容和要求由浅入深逐步增强；还要注意尽可能给学生创造自主的阅读氛围，尊重学生批注文本时出现的个体差异性，从而使文言文批注阅读教学有效进行。在这个过程中，教师应该给学生有效的帮助和指导，变"教法"为"学法"，促进古诗词深度学习，实现古诗词课堂的灵思雀跃，才会别有洞天。

（撰稿者：黄春慧）

创意 4 - 6

激思教学：让儿童进入创意思维的教学艺术

现在教学中经常提到创意思维，特别重视学生个性与创新精神的培养。在课堂中多与学生互动，引导他们进行联想，并且鼓励他们大胆想象，同时有意降低创作表现的难度，可以让学生在学习过程中发散思维、创意表现，从而感受到学习的乐趣。

小学美术教育可以提高学生的审美能力，培养学生的想象力与创造力。在小学美术教育中，学生创新思维的培养是教师教育工作的重要内容。[①] 创新的思想往往开始于形象思维，在教学中引导学生进行有效的联想与想象可以培养学生的创造性思维。笔者选取沪教版美术一年级《象形的文字》一课为例，借助象形文字的图画含义培养学生的创造性思维。

《象形的文字》是沪教版美术一年级第二册第一单元中的第三课，本节课的教学目标是初步了解象形文字的特点，尝试书写象形文字，依据字意联想，学会用平涂、接色等方法为文字配上合适的背景，利用文字与底色完成创意作品。本节课的重难点是结合象形文字的字意添加背景。因为学生有一定的识字能力，加上猜测，都能理解简单的象形文字大致的含义。但是在展示作品时，

---

① 侯洁琼. 如何在小学美术教育中培养学生的创新思维［J］. 新课程,2020（18）:212.

发现大部分作品都大同小异，基本上与展示的图片内容差不多，或者是教师上课示范的内容，只有极少数同学在思考，根据字意添加创意背景。这样的作品显示出学生有听有做，但是没有思，想要让每个学生画出不同的作品，思考是非常重要的，有自己的思想，才会有个性创新的表达。

经过课堂观察，发现学生在美术学习中大部分时间是在接受知识，不管是教师的语言传递还是图片资料传递，他们只需要接受并短暂地记忆下来，在之后的创作中再拿出来运用。整个过程，学生几乎没有创新的思维，为了培养学生创造性思维，教师以带动学生进行联想和想象的教学策略，增加有趣的教学过程：

一、 增加课堂互动，引导学生进行联想

简单的展示与讲解，只能让学生的思维跟着教师走，不一定能形成新的想法。若让学生自己思考，提问是很关键的，除了提问，还要有互动，师生之间或者生生之间的互动都可以。

环节一

师：这个"水"字添加的背景是什么？

生：是一条河流。

师：你觉得这样的背景可以吗？为什么？

生 A：可以。因为河里面的不就是水么……

师：那除了河流还可以添加什么背景呢？为什么你会这样想呢？

生 A：可以加瀑布，瀑布也是水。

生 B：可以加海洋……

生 C：可以加池塘……

增加了这个环节，学生的兴趣明显变得浓厚，想要表达的欲望也比较强烈。通过关于水的联想，从象形文字字意联想到与水有关的具体事物，充分发散思维，而这些事物大多也是他们原有的知识储备。

二、 基于联想内容，鼓励学生大胆想象

有了联想，学生的思维已经开始发散。他们的学习兴趣也已经被激发出来，想要表达的欲望也越来越强。这时候要鼓励学生大胆想象，并且表达自己的想法。

环节二

师：很好，同学们想得都很棒。我们可以想一想，水一般是液体的，就是我们常看到的样子，如果在很冷的情况下它会变成什么样子呢？还可以想一想水有什么作用呢？

生D：我觉得可以添加北极圈的背景，添加一些冰河和冰山，还可以添加几只企鹅呢！

生E：我觉得可以添加消防员叔叔灭火的背景，因为水可以灭火呀！

……

从事物的不同角度进行联想，思维不断扩散，慢慢就形成了想象，这时候学生的脑海中已经有一定的画面了。问答互动，不仅是在锻炼学生的表达，同时也是在给其他学生一些提示。

三、 有效示范互动，降低学生创作难度

在学生创作时，经常会发现一个问题，学生的想法很好，但是要动手表达时，只有四个字"我不会画"。这除了与学生个人的手绘表现能力有关之外，与学生的思维模式也有关。遇到不会的问题，学生就不去想、不去做了。所以在教师示范环节，教师增加了与学生的互动，采用一些适合学生表现的方式来完成作品。

环节三

师：我手里这张象形文字是什么？

生："田"。

师：那我可以给它添加什么背景呢？

生 A：可以添加蓝天白云，稻田不就是在大自然中么！

师：很好，还有其他想法吗？

生 B：可以再加一个农民伯伯在田里干活……

生 C：也可以加个稻草人……

师：同学们想法都很棒，那我就结合 AB 同学的，添加一个农民伯伯在田里干活的背景吧！可是，农民伯伯怎么画呢？

生 D：就是画一个人就好了。

师：我先画一个圆，表示头，再画一个椭圆表示身体；然后添加手臂，他正在种地，手里拿着锄头。哦，还有他的腿和脚。我还可以加什么呢？

生 E：可以加一顶帽子……

在与学生的互动交流中，教师完成了教学示范过程，在这过程中，学生的思维一直跟着教师。但是因为有些学生动手表达能力有限，所以教师在示范时清晰地表述出绘画的过程与步骤，如圆表示头，椭圆表示身体等。在学生的脑海中就会有慢慢形成一个绘画的步骤以及什么形状可以表达什么物体的基本概念。

总之，要在美术教学中有效培养学生创造性思维，首先需要有效引导学生进行联想，创造性思维很重要，而美术是一门可以充分激发学生创造力的课程。这就需要教师在美术课堂上积极引导学生思考与表达，围绕本课的重点，引导学生进行有效的联想，这样学生才会思考。同时，在联想的基础上，教师要继续鼓励学生大胆地想象。将思考的问题与课程内容相结合，有意识地培养学生创造性思维。课堂上检验学生思考的有效方法就是表达，学生的表达与互动，可以让课堂更有活力更有趣味。最后还需帮助学生降低创作难度，在美术教学中，很多时候大部分学生脑海中有很多天马行空的想法，然而他们不会用美术的方法来表达。除了平时绘画经验比较少之外，大脑和手的协调度也难以达到一致。针对低年级学生，除了可以通过表述加动手、示范简单形状表示事物的过程，降低学生的绘画表达难度，同时还可以通过改变绘画工具来降低创作难度。针对高年级的学生，可以引导学生查找资料进行创作，或者采用转移替代的方法。想要激发课堂上学生创造思维，就需要不断引导学生进行思考与表达，鼓励学生进行联想与想象，帮助引导学生完成有质量的美术创作。

（撰稿者：汪玲玲）

第五章

每一堂课都是灵魂的对话

课堂教学实质是师生之间的心灵交流，也是灵魂的深度对话。这种交流和对话作为课堂教学的存在形态，既昭示着包容和平等，也彰显着人性和思想，凸显了学习者的主体立场。每一堂课都是灵魂的对话，对话具有心灵的力量，理应成为课堂教学的内在构成。

古人语："独学而无友，则孤陋寡闻。"思想只有相互碰撞才能产生创造的火花。交流和对话，作为课堂教学的存在形态，它体现了现代课堂的基本特征和内涵——包容、平等、互动、交流，凸显了学习者的主体立场，具有心灵的力量。参与教学、插图教学、设问教学、嵌入教学、读悟教学等多种教学形式，让每一堂课都成为灵魂的对话。

有灵魂的课堂首先是有意义的课堂。当代的教育是知识与智慧传递并重的教育，智慧表现为对问题的处理、危难的应付、实质的思考等，因此有意义的学习首先应该与学生生活紧密联系，教学必须走出小课堂，走进社会生活大课堂，妥善处理教材，把教材和学生的生活实际联系起来，让学生学有所用，在学习中获得快乐的体验。其次，丰富的情感、积极的态度、正确的价值观是学生学习、生存和发展的基础。因此，有意义的学习应该尊重学生个性，为学生创设轻松愉悦的学习环境，让每一个学生都得到发展。

有灵魂的课堂其次是促进思想成长的课堂。在以"基础知识、基本技能、基本思想、基本活动经验"为培养目标的当代教育体系中，教师要用自己敏锐的观察、巧妙的引领、智慧的点拨，使课堂变得有吸引力，成为学生舒展心灵、放飞想象的场所。有灵魂的课堂就是唤醒学生自主意识、唤醒学生思维灵魂、唤醒学生独有灵性的课堂。

有灵魂的课堂还应该是充满活力的课堂。蕴含生命力的课堂不仅是温馨的，还是充满灵性的。在课堂上，教师要和学生为伴，成为共同的探索者，成就他们的"生长路线图"。为师者要按照学生的身心发展规律去施教、去引领、去互动，从而创造出很多惊奇的发现和欣赏的快乐，实现这一目标，需要的不仅是教师园丁般的呵护、工程师般的雕琢，更需要教师在教育教学过程中唤起学生的兴趣、培养积极进取的精神、激发创造的激情。

总之，课堂教学实质是师生之间的心灵交流，也是灵魂的深度对话。教师既不能忽视学生的主体地位，也不能忽略学生的见识和能力，正所谓"弟子不必不如师，师不必贤于弟子"，当然也不是让教师落入"以其昏昏，使人昭昭"

的境地，而是应该成为那一泓汩汩流淌的源头活水，既要引领又要吸纳。思维对话不仅是实现和谐高效课堂的基本途径，而且也是我们看重的课堂教学形态。所以，为师者要努力给学生创造"有灵魂"的课堂。

创意 5-1

参与教学：在分步行动中进行学习互动

参与教学旨在让不同层次的学习者都拥有参与课堂活动和展示的机会，分步设计不同活动可使学习者积极参与课堂互动，主动思考、概括、分析和推断信息，提升分析问题和解决问题的能力，使学习者对事物做出正确的价值判断，从而提高多元思维能力、提升核心素养。

英语学科的核心素养包括语言能力、思维品质、文化品格和学习能力四个方面。初中英语课程要充分尊重学生的主体地位，关注学生的内心感受，增强学生的学习体验，让学生在学习过程中能够培养自己独立思考和自主学习的能力，并能够在实际生活中将英语灵活运用，提高英语的实际应用能力，让英语学习能够真正对学生的成长有所帮助。[①]

参与式教学过程是指受教育者在明确的教学目标指导下，运用科学的方法，在民主、宽容的课堂环境中，积极主动地、具有创造性地介入教学活动的每一个环节，从而接受教育、获取知识并发展能力。[②] 北京师范大学裴娣娜教授提出的主体参与教学策略为：营造民主、宽松、和谐的氛围，形成相互尊

---

① 张万海. 初中英语阅读课教学与学科核心素养培养研究 [J]. 课程教育研究,2019 (40):117.
② 王杰. 初中英语阅读学生参与式教学的方法 [J]. 新课程 (中),2018 (02):82.

重、信任、理解、合作的人际关系。① 教师与学生平等地参与到教学活动中，共同讨论、共同解决问题，因此，参与式教学是一种师生共同推进教学的教学形式，采用参与式教学法有助学生综合提升学科素养。

英语阅读教学过程通常采用读前、读中、读后的"三段模式"。笔者在前辈们的经验基础上，将三段教学法细化为七步行动策略，即读前导入、读前预测、读中略读、读中研读、读中寻读、读后巩固和读后拓展，其中部分步骤的先后顺序可根据文本进行调整。在分步授课过程中，教师需根据不同的环节分别设计不同活动，使学生全程积极参与课堂，从不同程度上提升自己的阅读能力和自主学习能力。

一、 读前导入（Lead-in）——激起兴趣，语言准备

课堂导入是一堂课非常重要的一个环节，导入得精彩学生才会更有兴趣去学习课文。导入的过程又可以为下一步的学习做好语言准备。在这一过程中，为了让学生积极参与，教师可以采用图片、视频、猜谜或头脑风暴的方法，在8A Module 3 Unit 6 "Aliens land on our world！" 一课中，教师用 PPT 向学生呈现几张影视剧中出现的外星人的图片，让学生头脑风暴相关外星人的知识背景，学生可自主向老师或同学提问问题，激发自主学习的能力，最后通过如下的师生对话，引出重要词汇 terrified 和 flee。

T："What do you think of them？"

S："They are ugly/awful/beautiful . . ."

T："Are you afraid of them?"

S："Yes/No。"

T："Someone said yes．For me I will be terrified if I see them and I will flee。"

---

① 裴娣娜．主体参与的教学策略——主体教育·发展性教学实验室研究报告之一［J］．学科教育，2000（01）：8—11＋49.

通过图片引出外星人话题，激发学生的兴趣，头脑风暴让学生激活已有的背景知识，生生与师生的自由对话营造轻松的课堂氛围，调动学生的学习积极性，并在交谈中讲解本课部分生词，为下一步的阅读扫清障碍。

二、 读前预测（Prediction）——切入主题，预测内容

学生的预测文本能力是思维品质中的一种重要能力，学生可根据文本给出的题目、图片或引言等对文本的内容进行预测。在此环节过程中，教师可以创造性地设计各种图示进行指导，同样在本课中教师通过 PPT 出示题目 "Aliens land on our world!" 和文中的图片，让学生预测 aliens 是谁，our world 又是哪里？为了帮助学生理解文本，教师在黑板画出两个星球分别命名为 Planet X 和 the Earth，并用箭头标出有两种可能性，可能性 A 是地球人降落到 X 星球，地球人被 X 星球人称作外星人，可能性 B 是 X 星球人降落到地球，我们称 X 星人为外星人。此时学生会开动大脑，自己积极主动进行思考，判断其中哪一种的可能性大。

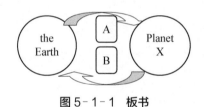

图 5-1-1　板书

此阶段训练学生的推理预测能力，目的是锻炼学生的核心素养中的思维发散能力。教师在另外一个班级中没有用图示帮助学生理解 aliens 有两种可能性，而直接通过题目和文中图片等让学生们预测，几乎全班都形成思维定式而选择 B，思维比较单一；而演示了两种可能性的班级，学生们在预测时虽然大部分都选择 B，少部分同学思维被激活，进行了更全面的思考，认为 A 有更大可能。

三、 读中略读（Skimming）——快速阅读，感知文本

学生学习每一篇文章都需要先了解文本大意，读中使用 skimming 的阅读技巧，在第一遍阅读文章意图时抓住文章大意非常重要。此环节中教师可以指导

学生关注文本中段落的首尾句，找出主题句，有些文章有副标题或小标题，也是帮助学生总结归纳大意的抓手。

在"Aliens land on our world！"一课中教师要求学生快速阅读文本，注意每段和首句和句中的时间短语，归纳文本大意。教师的适当提醒，使学生有的放矢，即使学困生也能主动参与阅读，训练速读能力，为下一步阅读做好准备。之后再次让学生阅读这五句话，要求学生快速阅读文本将课文分段，学生能根据句中时间 at 3 am.， the next morning， at 6 pm.， during dinner， the next morning 快速划分出段落结构，把握文本的脉络结构，加深学生对文本框架和内容的理解，为之后寻找细节的环节做好铺垫，学生的略读能力以及思维的逻辑性在师生互动中得以训练和提升。

四、 读中研读（Detailed-reading）——深入理解，推理判断

此步要求学生细读文本，深入理解探究文本获取细节性的信息，并对信息进行提取加工整理。此步中可以组织小组活动，教师组织学生在共同学习中进行自主合作、探究讨论来完成任务，训练学生的阅读策略。此环节的小组活动可以设计多种任务，如选择、判断对错、问答、填空、填表、画图等，活动任务中充分体现以学生为主体，每组中分配小组长负责讨论活动和任务分配，教师仅负责检查完成情况并进行适当的补充。对学生质疑的地方，共同讨论，形成正确的概念。

比如在"Aliens land on our world！"中为了帮助学生理清 aliens 的相关信息，推测出谁是真正的 aliens，达到让学生深层次理解文本的目的，采用填表形式（如表 1），让学生分组讨论并根据找出的细节画出 aliens 的画像。小组长分配任务让组员找出图表内空格答案，集体根据表格确定 aliens 的外貌特征，一人画图，一人向全班展示并讲解画图依据，其他小组的成员有不同观点的可进行质疑或批判，并叙述自己的理由。整个研读环节进行中，这种小组活动可使全班学生积极参与问答、填空、判断对错等各种阅读活动，无论是个人活动还是小组活动中，大部分同学能积极研读材料，进行独立思考或小组讨论，表达自己的观点，找到正确的答案以及证明的句子，个别题目有些难度时需要老师的

进一步解释、提示或指导，此环节活动的设计能够帮助学生训练思维的逻辑性和创造性，也让学生的语言输出能力得到培养。

表1

How to explore	（　　） the forest；（　　） a narrow path；（　　） behind some bushes and （　　） silent	
What did they hear	Heard （　　）；listened but could not （　　） anything	
What did they see	An （　　）	It was tall，with a round （　　） and a （　　） body；was walking
	A （　　）	It was damaged；some of the trees were （　　）
	A second （　　）	It saw them and （　　） a terrible noise
Feeling	They felt （　　） so they fled home	

五、 读中寻读（Scanning）——定位信息，获取细节

寻读主要是让学生通过寻读定位抓取特定信息，学生在了解文本大意和文本框架的基础上，教师提醒学生跳过不相关的内容锁定目标，获取需要的信息尽快完成任务。寻读的任务也可以设计为问答、填空、判断对错等。比如：为找到文中描写的 Tina 和 Tom 与我们人类的不同之处，教师布置了为观点寻找证据的任务。

A. Tina and Tom are quite different from us.

① Para.　② Para.　③ Para. _____

B. The aliens Tina saw were astronauts.

① Para.　② Para. _____　③ Para. _____

在上一步研读的基础上，学生已经掌握了文本的内容，此时学生可以快速地通过"寻读"找到文中描写的 Tina 和 Tom 与我们人类的不同之处，以及找到文中的 aliens 就是我们人类宇航员的句子以及所处的段落，再次回归课文题目，重新解读题目，为文章的理解做最后的辅助。

六、 读后巩固（Practicing）——内化所学，输出运用

读后活动旨在对语言知识与技能进行巩固和综合运用，它是输出性的活动，可以设计编对话、作报告、作表演、画思维导图等活动，但必须围绕阅读文本展开。文章中 Tina 的爸爸提出要自己的女儿向警察汇报她的所见所闻，教师便在本环节设计了完成 Tina 与警察的对话任务。另外，输出活动也要根据学情而设计，此步输出活动可分成两个层次，有困难的学生可根据读中活动里研读部分的表格和教师板书完成对话，看着文本两人进行 role-play，其余学生可直接完成并展示成果。

输出活动的分层设计，照顾到了不同层次学生语言能力的培养，在课堂中学困生能说出口、敢说出口，将输出活动设计为通过电话向警察报告外星人事件，能将语言学以致用，做到了学科素养要求的"要在社会情境中借助语言来理解和表达"，培养学生的语言能力。

七、 读后拓展（Expansion and Extension）——拓展延伸，内涵升华

此步骤主要以发散思维为核心，强化学生创新意识的引导，多设计小组活动。此步骤的活动形式可与上一步骤相似，进行小组讨论问答。小组讨论时很多同学表达自己不同的观点，可赞同其他组的观点，也可反驳对方的观点。小组的汇报和教师的总结，让学生看到不同的观点，了解思维的多元化和答案的多样性。"Aliens land on our world！"中教师在这个环节中抛出了一个问题：How should we get on with the aliens? 六人一组讨论问题，并将讨论结果写下来，派代表向全班汇报讨论结果。不同观点的分享也让学生们意识到了外星人也是同人类一样的生命体，我们应当尊重宇宙事物的多样性，应当和他们和平共处，与学科核心素养中要求的"提升学生文化认知"相契合。

总之，传统的课堂中教师是主角，学生主要任务是听讲，教师很少让学生提问，而参与式教学能充分调动学生的主体性，让学生全程积极参与教师设计的活动、主动思考，在部分活动中成为主导者，在师生交流和生生交流中可质疑对方的观点并进行评判。注重不同层次的学生全程参与，适合学生的认知规律和学习规律，从七个步骤的不同活动中训练学生的口语表达能力、锻炼思

维发散能力、阅读理解能力，提升文化感知和交流能力、自主学习能力等，从而培养学生的语言能力、思维品质、文化意识和学习能力等核心素养。七步骤设计不同的活动训练了学生不同的阅读策略，培养了预测、略读、寻读和研读的能力；关注以学生为主体，引导学生积极参与课堂教学，关注学生的情感体验，为学生搭建了运用语言交流的平台，学生可以运用所学表达自己的观点和想法。

阅读教学是英语课堂教学的主阵地，也是培养学生思维品质和学习能力的重要途径。英语阅读课堂不应该仅仅局限于学生阅读做题、教师讲解，而应该开展丰富多样的活动。参与式教学使教学活动自主化，教师应当在阅读教学的七个步骤中渗透参与式教学模式，采用分步行动策略设计多种多样的活动来引发学生进行积极主动的思考，引导学生辨析、概括文本信息，建构新的概念；分析、推断信息的逻辑关系，提升学生分析问题和解决问题的能力；正确判断各种思想观点，理性表达自己的观点，促使学生对事物做出正确的价值判断，从而培养学生英语多元思维能力。

（撰稿者：都建秀）

创意 5-2

插图教学：让儿童进入形象思维世界

插图作为教材内容的重要组成部分，在教学活动中起着帮助理解、补充课文等重要作用，既符合小学生的学习能力和认知特点，又满足了教师的教学需求。有趣而生动的插图，既给课本增添了色彩与趣味性，又能够激发学生的阅读兴趣与动力。插图教学，补文学之不足。看插图说话，识记学习重点；做插图游戏，理解学习难点；用插图教学，提升形象思维。充分利用插图资源，借助插图教学让儿童进入形象思维的世界。

《义务教育课程标准（2011年版）》提出"在表达实践中发展形象思维和逻辑思维，发展创造性思维"。插图作为教材内容的重要组成部分，更注重局部理解。以人民教育出版社出版的部编版一年级语文教科书为研究对象进行阐述。经统计，一年级上下两册课本插图共计89余幅，其中第二册插图略多，总体类型可分为：实物图、描绘图和漫画图，其中漫画图占比较大。然而随着学生年龄的增长，在第二册中出现了实物图，由此不难看出插图在低年级语文教材中被广泛应用，这也符合了低年级学生的心理认知发展要求。值得注意的是，部教版插图采用了嵌入式的插图方式，使文字和图片没有明显的分割，图文同页的插图方式更有助于学生对课文的理解，真正实现了"补文学之不足"的作用。

作为教材的有机组成部分，插图在教学中的功能是不可取代的，据调查，一半以上的教师认为教材插图精美，色彩丰富，大部分学生表示对插图有浓厚的兴趣，但教师在教学资源的挖掘上常常忽视插图的利用，在插图研究上略显不足，并且在课上也较少提及插图，或者省略不提，即便是使用，方法也较为单一，无法发挥课本插图在教学中的功效。

拼音是幼小衔接阶段学生学习的重点，作为辅助汉字学习的工具，学好拼音尤为重要，但刚升入小学的孩子对拼音这种相对抽象的知识并不能很快理解吸收，更无法建立拼音与汉字间的关联，甚至无法马上将拼音与其读音正确对应。因此，为了能让学生正确拼读，就需要不停地反复练习，然而根据低年级学生的心理发育特征，其无法接受索然无味的反复训练，因此，在相关课程的讲授中应充分发挥课文情景图的作用，使之助力课堂教学。

一、 看插图说话，识记学习重点

在思维活动中**有三种普遍**思维形式：形象思维、抽象思维与灵感思维。其中，形象思维是借助于具体形象来展开的思维过程，亦称直感思维，**或称之为艺术思维。**①

本节课共有 5 部分内容，第一部分是声母："ɡ k h"，配有一幅夏天公园湖边的情景；第二部分是 "ɡ k h" 和韵母组成的两拼音节及初次出现的三拼音节；第三部分是 "画画、打鼓" 两个词语；第四部分是儿歌《说话》；第五部分是要求会认的字和要求书写的字母以及在四线格中的位置。本课的目标是正确认读声母 "ɡ k h"，读准音，认清形，能正确书写；正确拼读 "ɡ k h" 和韵母组成的两拼音节、三拼音节，初步掌握三拼音节的拼读方法。在学习了 "a o e" 等一系类拼音字母后，学生已经对拼音学习有了一定的认识，本节课继续通过插图来认识三个舌根音 "ɡ k h"，并初次接触三拼音节以及 "介母" 的概念。对于低年级学生来说，单纯学习字母过于抽象且难以理解，因此本节课教学目标设定难度适中，且有一定的挑战性，符合学生最近发展区。

---

① 肖丙珍. 课堂教学中语言文字应用与思维能力的提升 ［J］. 文学教育（下），2021（01）：104—105.

教学设计在引入部分采取了看图说话的形式，通过观察课文插图，让学生用"谁，在哪里，干什么"的句型练习说话。在熟悉了图片的基础上，开始分小组采用比赛的形式，观察图片中有哪些事物的形状像我们本节课要学习的拼音字母。游戏的方式有效调动了学生的学习积极性，为后续拼音的书写学习作铺垫。

说话练习导入：

1. 根据插图，用自己的话说一说。

生：一只衔着花环的白色鸽子在空中飞。

师：请跟我说"鸽子鸽子ɡɡɡ"。（提示ɡ的音）

生：一群小蝌蚪在河里快活地游来游去。

师：请跟我说"蝌蚪蝌蚪ｋｋｋ"。（提示ｋ的音）

生：一个正在喝水的小姑娘坐在岸边的长椅上。

师：请跟我说"喝水喝水ｈｈｈ"。（提示ｈ的音）

2. 分小组比赛在图中找与本节课所学拼音外形相近的事物，并说说它们的共同点，看看哪个组找得又快又准。

3. 巩固字形。

根据插图说话这一环节不仅引导学生学会了怎样观察图片，更在观察图片的基础上练习了按要求说话，这一能力的培养为以后的看图写话打下了良好的基础，小情景的创设更让学习充满了故事趣味性。

引入练习第2题符合学生的认知水平，同时又激发学生的求知兴趣，从而使其可以更加主动地投入到课堂当中来。在进行了看图片说话这一环节的同时，熟悉了图片的学生能够更轻易地发现图中与本节课所学拼音外形相近的事物。游戏竞赛的方式让学生具有紧迫感能够更好地集中精神进行学习，从而有

效提高了课堂效率，缓解了低年级学生注意力不集中的尴尬。

由浅入深、由易到难的授课方式，对学生来说既容易接受且富有挑战性。小组比赛这一环节中，学生遇到困难，通过生生交流、师生交流的方式，在老师的引导下，学生能充分发挥自身主观能动性做到自主学习。在这个过程中，教师将通过极具启发性的问题引发学生思考，通过说共同点这一环节，让学生加深对拼音字母字形的认知，为接下来的书写做准备。

教学设计中的练习3与以上环节做到了很好的承接，巩固练习分为两个小部分，分别是：1. 读准音、认清形。2. 正确书写。练习看似简单，实则是对以上两个环节授课效果的检测。

在以上授课环节中，图片的运用贯穿始终，对课程的进展起到关键性作用。

二、做插图游戏，理解学习难点

拼音拼读对于学生来说是学习的难点，如何让学生理解并正确读好两拼和三拼音节呢? 课本插图很好地解决了这个问题。我们在第3课已经学习过两拼音节，本节课在此基础上进一步学习三拼音节。在课文第二部分中的插图揭示了三拼音节的拼读方法，并首次引入了"介母"的概念。

1. 通过拆分、合并的方式学习三拼音节

因为有第3课的学习做铺垫，学生很顺利地进行两个字母的连读，但很快便发现要想把三个字母连读起来并不容易，于是我采用分读方式，即在学生以往学习基础上引导学生将声母"g"和介母"u"进行连读，学生很快能发出"gu"的音，接下来我引导学生将"gu"看作一个整体，与韵母"a"进行连读，小朋友们很快便读了出来，基础较好的学生能流利读出"gua"一个音节的四个声调。通过课堂数据观察，这一新知导入过程，效果明显，班级总计45人，除基础极其薄弱的5人以外，几乎都能很好地进入新知学习。

2. 引入数学加法的概念，学会自主学习拼音

在教师引导下，我以两拼音节"ga"为例，引用数学中加法的概念写成拼音算式"g＋a＝ga"，并引导学生将本课所给的两拼音节进行拼音算式改编。

在师生共同完成两拼音节的改编之后，学生独立完成了课文中三拼音节的改编，有了两拼音节改编的基础，三拼音节的改编更不在话下。学生纷纷表示这样做很有趣，运用数学的知识成功解决了语文拼音的学习难题。

此时教师抛出问题：大家有没有发现两拼音节和三拼音节有什么不同呢？

郑同学：两拼音节由两个拼音字母组成，三拼音节由三个拼音字母组成。（其余同学点头表示认可）

师追问：你说得非常有道理，可是三拼音节也不一定只是三个字母哦，我们以后还会学到前鼻韵母、后鼻韵母、特殊韵母等，这些韵母有的是两个字母组成的，有的是三个字母组成的，这样以来就不符合你说的整个三拼音节是三个字母组成的，同学们，你们有什么看法？

顾同学：老师，两拼音节是由声母和韵母组成的，三拼音节除了声母和韵母还有一个字母。

师：你观察得真仔细，老师来告诉大家，这个多出来的字母我们给它取名为"介母"，那么谁来说说三拼音节是由哪几部分组成的？

王同学：老师，三拼音节是由声母、介母、韵母组成的。

师：你总结得太棒了，我们的三拼音节是由三部分组成的，分别是：声母、介母、韵母。

在这一段师生对话中，学生能够运用所学知识进行知识迁移，并在教师的引导下进行新知识的学习，这对于低年级的学生来说是非常不容易的，孩子们的表现让我感到惊喜。

3. 看图编顺口溜，巩固读音

这一环节将课堂的氛围推向了高潮。首先我对三拼连读的口诀进行了讲授："声轻快韵母响，三音连读很顺当。"让学生根据口诀内容对课文所出示的三拼音节进行再一次拼读，从而感受三拼音节的发音特点。在这个过程中，学生的主动思考、合作学习、反思求变都有得到很好的体现。

我们回到课文中的插图并结合第一环节中的说话练习，师示范编顺口溜："鸽子鸽子 ggg"，学生很快便能够说出"喝水喝水 hhh、蝌蚪蝌蚪 kkk"等顺口溜，接下来我增加了难度，让学生走出课本，结合生活，想想哪些事物的发音能够运用今天所学的字母编程顺口溜。

郭同学：课本课本 kkk。

李同学：公园公园 ggg。

狄同学：小河小河 hhh。

······

师：小朋友们的观察可真仔细！

这个问题的发散性很强，学生能够从生活中找出相关符合要求的事物并通过顺口溜的格式说出来，在郭同学的带领下，孩子们像被打开的潘多拉宝盒，思路一下子开阔了，大家叽叽喳喳地表达自己的想法，课堂气氛热闹而有序。

三、 用插图教学，提升形象思维

语文的特别之处在于，它是母语教育。它训练思维，传承文化，磨炼性情，让我们获得持续学习的能力。这些都是生命的给养，在人生旅途中转变成不断向前的动力。①

如何在低年级语文教学中有效运用课文插图值得进一步探究。部编版语文一年级上册汉语拼音单元中，插图共有 20 余幅之多，一个单元如此多的插图数量在整个小学阶段的语文课本中也是少有的。但这恰恰符合了低年级学生的认知发育，结合图片的教学让学习更具趣味性，视觉思维与逻辑思维的结合更有利于学生对新知识的学习。

低年级学生的专注力较差，与插图相结合的课堂互动能够有效帮助学生集中注意力，课堂上借助插图的师生、生生交流，可以了解到学生的想法，准确把握学生对知识的接受程度、学生的表达能力。高质量的对话，可以大大提升课堂的有效性和师生的获得感。

本堂课的两次师生对话就是建立在知识的迁移与拓展的基础上，借助课本插图，建立相应形象思维，利用已有所学知识对新知识进行主动性学习，能够

---

① 锐眼·灼见［J］. 人民教育,2020（23）:9.

有效提升学生的自主学习能力，联系生活经历的拓展则将知识与生活紧密联系，有效避免了单纯概念性知识的乏味。

（撰稿人　赵皎）

创意 5-3

设问教学：唤醒学生的问题意识

设问教学的本质不在于传授本领，而在于激励、唤醒、鼓舞。只有学生的"问题意识"唤醒得及时，才有助于其发展，在实施过程中这是一门技术，更是一门艺术，有效提问是唤醒学生问题意识的核心环节。教师在课堂中的有效问题，不仅唤醒学生研读文本的兴趣，还将学生的思维由表层引向深入，提升学生的思维品质，使学生产生情感上的认同和心理上的共鸣，达到立德树人的效果，促进学习意义的生长。

一个好问题是需要设计的，它具有鲜明的目的性和现实的针对性。也就是说，有效问题目的在于完成教学目标，通过简单清楚准确的表达，让学生能够清楚地了解到教学目标，能够理解教学过程中的重难点。语文课堂教学总是围绕着问题进行，笔者在教学中发现，教师的提问是"教学的生命"。精心设计的有价值的问题，不仅能唤醒学生研读文本的兴趣，还能将学生的思维由表层引向深入，提升学生的思维品质。笔者拟从"把握提问的最佳时机、设置问题的层次、合理运用等待的时间"三个方面探索有效的策略，希望能提高教师课堂提问设计能力，唤醒学生研读文本的兴趣，将学生的思维由表层引向深入，提升学生的思维品质，使学生产生情感上的认同和心理上的共鸣，达到立德树人的效果，促进学习意义的生长。

一、 把握提问的最佳时机

有效提问要把握最佳时机，只有在最佳时机抛出问题，才能引发学生的深入思考，才能达到最佳教学效果。教学的需要和教学视角两者实现最契合时，就是最佳提问时机。虽然在课堂教学的任何一个环节都可以开展课堂提问，但是不同的时机，课堂提问的效果不同。在学生整个学习时段，并不是每个时间都能够进行提问，教师必须正确把握发问时机，只有在最佳时期，才能取得最佳效果。

（一） 在学生新旧知识进行迁移时提问

在讲授新知识之前，教师可以通过复习旧知识，引出新知识，通过设计导向性的问题，实现新旧知识之间的联系和迁移，帮助学生掌握新知识，建立完整的认知结构。这样不仅复习、巩固了旧知识，还可引导学生根据旧知识对新知识进行思考，使学生更好地处理它们之间的内在联系。

比如笔者在执教二年级下册古诗《草》一课时，在上课前让学生比赛说一说："你知道哪些描写春天的故事？"学生都能争先恐后地背出来。接下来，笔者又问："你知道的这些写春天的诗词，表达的感情是快乐的还是悲伤的？此时学生心里都有了答案。"那我们一起走进今天要学习的古诗《草》，看看这首诗向我们展现了怎样的春天。"学生对于古诗，尤其是描写春天的古诗平时积累的比较多，也能够通过诗词的一些关键词推断出诗人想要表达的感情。提出最后一个问题的目的在于让学生用学过的知识与本节课要学习的新知识做一对比，从而体会《草》这首诗的独特之处。课前的这两个问题，有助于学生进行知识的迁移，学生也能从这两个问题中学会对比阅读的方法。

（二） 当学生思维产生疑惑时提问

小学生知识面窄，认识能力有限，独立解决问题的能力非常差，一旦出现思维上的障碍，就手足无措，无法进行全面的探究。通过学生的课堂表现也能够看出最佳的发问时间：当学生面露疑惑，说明学生心中的疑问正在凝聚。具体表现为学生双眉紧锁，目光中流露出明显的疑惑神情，此时学生的思维遇到了阻碍，找不到正确的方向，教师此时发问，能够帮助学生进行思考。

在空中课堂中老师多次提到了"千人糕"制作的过程，学生在听课过程中脸上多次打出了问号，说明这一过程是难点。由此为了降低难度，在互动课堂中设计了填空式问题："千人糕是＿＿＿＿磨成粉做的，再加了＿＿＿＿做的。爸爸告诉我大米由稻子变来的。种稻子需要先把＿＿＿＿埋进土里，再要＿＿＿＿，然后＿＿＿＿和浇水，最后才会种出稻子。干农活的时候需要锄头、镰刀、钉耙等工具呢。要经过＿＿＿＿劳动才能收获稻子呢。爸爸还告诉我。糖是＿＿＿＿和＿＿＿＿熬出来的，这两种植物也需要农民种出来的。"

有效提问要把握最佳时机，选择在学生新旧知识进行迁移时提问，当学生思维产生疑惑时提问，才能引发学生的深入思考，才能达到最佳教学效果。

二、设置问题的层次

小学生由于年龄小，知识储备少，社会阅历简单，归纳总结的能力、逻辑思维能力、逆向思维能力、发散性思维能力还没有被开发出来，只是对社会、知识有简单的了解。这使他们在处理比较复杂的问题的时候，不能一步到位地深入理解。所以，在小学教学时，要把握小学生的现状，先教授基础知识，在基础知识的基础上加深基础知识的应用，然后再学习比较高深的知识。这样才能让学生有兴趣有信心地学习文化知识。

（一）根据教学内容设计

通过精心的细化设计，把复杂的问题分解成一个一个的简单问题，通过问题间的逻辑关系，可以一步一步引导学生有逻辑地思考问题，在讲解之间留给学生独立思考的时间。这样，即传授了知识，又练习了学生独立逻辑思考的能力。

例如，对于一篇文章的中心思想的总结，由于学生归纳总结能力还不成熟，不能独立总结出全面的中心思想。这时教师要对该问题进行细分，并通过台阶式的引导，一个小问题一个小问题地解决。随着问题的解决，学生对文章的了解也越深刻，对中心思想的把握也越全面，达到学生学习的要求。比如，学习《爬山虎的脚》时，学习的重点是明白爬山虎的脚的特点和作者是用什么样言语来描述爬山虎的脚的。教师可以通过梯度的细化进行讲解，首先要引导学生关于脚的概念，例如，爬山虎是用什么爬到墙上去的。学习脚的存在后，再引导学生学习脚的特点。最后，引导学生学习爬山虎爬的过程，这样台阶式的细化，让学生能有一个清晰的逻辑认识。通过多媒体教学手段，把爬山虎利用脚攀爬的过程和爬山虎脚的特点通过图片形象地展示在学生面前。这样的学习方式，既加深了学生的印象，又为学生深刻全面地理解爬山虎的脚提供了基础。这时，学生再总结《爬山虎的脚》的中心思想时就可以有一个全面的认识。

（二）根据学情设计

教师可以通过学情分析了解学生与教学主题相关的真实的"已知"，对比课程标准中的教学目标，教师便可推知学生实然的"未知"。对于学生的"想知"，教师应当通过各种方式激发学生学习兴趣、引发学生开动脑筋思考，在适当的时机，抓关键词提出问题是一个合适的方法。

例如，在《一匹出色的马》中，笔者抓住妹妹得到"出色"和"马"这两个关键词，抓住妹妹心理变化的句子："当我们往回走的时候，妹妹求妈妈抱她：'我很累，走不动了，抱抱我。'妹妹高兴地跨上'马'，蹦蹦跳跳地奔向前去。"设计了以下问题："一匹出色的马"指的是什么呢？读一读第四至七自然段找找答案。回家路上发生了什么事呢？爸爸为什么要给妹妹柳树枝条呢？妹妹骑着这匹"马"心情如何呢？我们一起来看最后一个自然段吧！妹妹开始走不动，让爸爸妈妈抱，最后很高兴地回家了，她的态度为什么发生了变化？"

通过一连串有效问题的设计，学生马上就明白了妹妹前后心情的变化：在爸爸的鼓励和引导下，妹妹靠自己的力量战胜了困难，并且体会到了靠自己的力量战胜困难的快乐。笔者通过课堂小练习发现学生正确率由一开始的30％提升到88％，课堂参与讨论度也大大提高，学生的课堂听课效率进一步提高。学生变得喜欢大胆表述，能自觉主动地去发现问题、分析问题、讨论问题，最终解决问题。

设置问题的层次既要根据教学内容设计，又要考虑学情，这样才能让学生有兴趣有信心地学习文化知识。

三、 合理运用等待的时间

为了让学生能够通过深思从而给出更准确、更完整的答案，教师通过恰当的沉默，让学生在回答问题前能够对问题答案进行深思。这样通过沉默给出思考时间叫深思型教育。小学生的年龄、阅历决定了他们思考问题的简单性。在课堂上，可以在问题之前，在教师的问题和学生的答案之间，在回答问题的学生和教师的评价之间设计等待策略，教师应该有意识地暂停，给予学生一些时间思考，这是所谓的等待战略。

（一） 利用课后练习思考时间

古语有云："穷则思变，变则通，通则达。"当学生课堂接受能力出现停滞时，就要用辩证的眼光批判自我，用发展的眼光想办法变通。当提问缺乏效果时，教师可以抓课后练习，给学生充足的时间去思考。

例如《千人糕》语文课后练习题中，要求理解"特别"一词。可是学生读完课文后并没有产生共鸣。笔者抓住语文练习册中两道关于"特别"的题目，让学生在完成课后练习时抓紧思考。

---

1. 读下面的句子，写出与加点词语意思相近的词。

孩子想：这糕要很多很多人才能做成，一定特别大，也许比桌子还大吧？ 与"特别"意思相近的词有_____、_____。

2. 根据课文内容判断下列说法是否正确。"难道它的味道很特别吗？"句中的"特别"是指它的味道与众不同。（　　　）

（二） 给足思考时间

口语表达也是语言能力的一种重要能力，给学生足够的时间，让学生用适当的语言，组织思考一个巧妙的答案，培养学生口头表达。最合适的等待时间是多长时间？当教师学会将等待时间从一秒增加到三秒时，特别是对于高阶思维问题，那么他们的学生将有许多重大的变化。例如，学生会给出一个更详细的答案，提升回答正确性。充足的思考时间使学生主动自主回答，增加学生的信心，创造更多有利于学生思维的更轻松的氛围。学生的心灵被激活，等待战略有意义。当然，等待时间不是机械固定的，要依据问题层次的思考水平，并且等待时间的长度受到诸如学生意识水平差异等因素的影响。

利用课后练习思考时间，给足学生思考时间，能让学生通过深思从而给出更准确、更完整的答案。

正如于漪老师所说："教师要和学生一起展开生命、不断成长。"把握提问的最佳时机、设置问题的层次、合理运用等待的时间的策略，能提高教师课堂提问设计能力，唤醒学生研读文本的兴趣，将学生的思维由表层引向深入，提升学生的思维品质，使学生产生情感上的认同和心理上的共鸣，达到立德树人的效果，促进学习意义的生长。

（撰稿者：杨玉婧）

创意 5－4

嵌入教学：把文化整合在阅读教学中

美国语言学家萨丕尔指出："语言的背后是有东西的，语言不能离开文化而存在。"语言承载着文化的方方面面，教师在教学中，应有目的地进行文化意识培养与文化嵌入，让学生走进生活感受文化差异，从知识中了解文化差异，体验挖掘其中内涵并积极探究文化差异。嵌入教学，培养学生的开放型文化意识，提高学生的文化交际能力。

美国语言学家萨丕尔在他的《语言》一书中指出："语言的背后是有东西的，语言不能离开文化而存在。"①《义务教育英语课程标准（2017 年版）》指出："基础教育阶段英语课程的总体目标是培养学生的综合语言运用能力。综合语言运用能力的形成建立在学生语言技能、语言知识、情感态度、学习策略和文化意识等素养整体发展的基础上。"教师在课堂教学活动中，可以提供学生喜爱的阅读学习形式，让学生通过参与、体验语言实践活动，进一步体验本国及世界各个国家和地区，特别是英语国家的风土人情和文化面貌。嵌入教学这种"教与学"并行的策略，能较好地提供并拓宽学生体验中外语言文化、感受差异的途径和渠道，有利于学生学习语言，加深对国家文化的理解与认识，有益

---

① 耿丽霞. 小学英语教学中渗透文化意识的原则与途径［J］. 知识窗（教师版），2015（12）：51—52.

于培养世界意识。

在日常课堂教学中，教师可以借助结合单元教学内容的阅读文本，引导学生关注语言和语用中的文化因素，了解中外文化的异同，逐步增强学生对英语文化的理解力，能进一步提高学生学习的兴趣，提升小学英语课堂的内涵。

一、 贴近生活，感受文化差异

英语教学要给学生提供贴近学生实际、贴近生活、贴近时代的内容健康和丰富的课程资源。因此，教师要对阅读内容进行有针对性的选择和改编，必须建立在基于标准的英语教学框架中，更贴近学生生活，提供给学生自主体验和实践的机会，发现和发掘其蕴含的文化因素，走进或了解中西方文化，感受差异。

一个阅读文本一般是一个简单的故事，有主人翁，有故事情节，而且它来源于与学生息息相关的日常小事，也包括日常对话、社交礼仪等等。如：中西国家对称呼和打招呼用语的差异，都能反映出不同国家不同民族的文化。又如 teacher 作为一种职业而不能作为称呼语，老师一定要及时给学生讲解西方文化背景与习俗，在英语国家中学生称呼老师常用"Mr/Mrs/Miss"，还有询问、道歉和赞扬等等不同的对话方式，都与学生的日常生活和学习密切相关，容易让学生产生亲切感，加强学生想要了解和学习的欲望，让他们有学以致用的乐趣，进一步激发他们学习英语的兴趣。

另外,阅读的内容文本大多介绍的是中西文化实际生活的场景，包括一些中西风土人情、休闲娱乐、人生价值体现等方面知识，我们教师要根据教材适切地进行整合和调整，如：在上海版牛津教材"Chinese festivals"、 "Western holidays"单元中，文化意识对学生具有较大的吸引力，因此教师在改编或设计相关内容的文本时，应对教材本文中蕴含的相关文化知识予以充分挖掘，适当开展文化意识培养。同时利用对比中西文化的相同与差异来引导学生深入认识民族文化，让学生对中西文化进行体验和感受，切身体会其中差异，培养学生的文化交际意识和能力，进一步增强文化自信。

二、 学习知识，了解文化差异

在阅读资源中所渗透的文化背景和知识应符合小学生的认知能力和经验水平，教学方法也要符合小学生的生理和心理特点。在阅读教学过程中，教师为学生解决的，不仅仅是语言知识的积累，更应该是让学生感同身受，去体会、了解图画和文字中所蕴含的教育和思想。

创设阅读情境，营造文化意识氛围，是学生学习兴趣的不竭动力。我们教师要根据学生的年龄特点、知识经验、能力水平等因素，抓住学习思维活动的热点和焦点，通过各种方式，创设让学生感到真实、新奇、有趣的情境，营造轻松和谐的氛围，引发孩子的初级感知，激发他们的阅读兴趣和探知欲望。比如：在五年级"The Double Ninth Festival"一课中，老师先让学生欣赏王维的诗《九月九日忆山东兄弟》和老人丰富多彩生活的图片，学生从老人的活动中马上感受到了重阳节的意义，对于传统节日重阳节时人们的活动更加感兴趣，同时在无形中营造了文化意识氛围。

同时，老师要引导学生抓住阅读主线，培养文化意识交流。首先，词汇是语言的基本构素，借助词汇知识的学习和理解能够了解一个民族的文化形态，词汇教学往往能够成为文化意识渗透的一个最为有力的切入点，它短小精悍，能在文化教学当中起到以点带面的作用。因此，小学英语阅读教学的过程中，应借助词汇知识的学习，了解词汇的演变和含义，深入了解国家的文化特征，渗透文化意识的培养。其次，新课程标准要求小学英语教学要着眼于学生学习特点，创设出以语言实践为主的高效教学模式，通过听、演、说以及唱等不同语言交际方式引导学生踊跃参与课堂，以强化学生语言实践能力以及交际能力。如：在四年级"Good table manners"阅读学习中，让学生演一演中西方不同的用餐礼仪，学生对刀和叉的用法很感兴趣，在模仿和探索中体验到了中西文化的差异。然后，如何让学生深入学习和获取相关的文化信息，需要老师的引导，而设置问题和精确回答是学习的有效途径。设置问题可以由易到难，由浅入深、由表及里，有效的问题能很好地帮助学生理解阅读内容，用思想去引领思想，用文化去浸润文化，用感悟去启迪感悟，能让学生更积极地投入课堂活动，参与体验探究的乐趣。在五年级"Halloween"故事教学中，老师设计问题：When is Halloween? What special food do people eat? What do people do at Halloween? What do children do at Halloween?通过这些问题，学生能快速把握阅读主题，积极思考，准确获取文化信息。

三、 挖掘内涵，探究文化差异

如果孩子只局限在读文本，而不能理解故事阅读中的内涵，那么文本就失去了价值。阅读不仅能帮助学生拓宽知识面，还给了学生语言、思维、文化、艺术、情感等多方面的体验，为学生带来了深刻、真实的文化体验。因此，课堂中教师可以通过设计和采用循序渐进的语言实践活动，培养学生主动探究中西方文化差异的积极性。

引用阅读教学的目的是激发学生的学习兴趣，教师可以利用故事阅读自身优势，适当引导启发，开展引人入胜的情节描述，或者设置小悬念等方式，帮助学生理解故事，感受内涵。[1] 在教学过程中巧妙组织多元活动，用任务驱动发展学生语言能力，让学生通过对故事的阅读，形成一定的阅读方法，在享受阅读学习乐趣的同时，并能对阅读主题进行提炼，提升学生对学习内容的进一步感悟，促进了文化意识的培养。

教师在阅读教学时还可以引导学生提炼出人物情感的关键词，将情感教育自然渗透到教学的很多环节，塑造学生积极的情感态度和文化品格。也可以在故事的最后，让学生说一说从这个故事中学到了什么，使学生得到情感的升华，提升学生的文化内涵和价值观。如：在改编的二年级故事"my mom"中，nice、super 两个关键情感词反复出现，让低年级学生体会 love 的内涵，最后联系教材单元主题，引发对 Mother's Day 的思考，体会中西方妈妈对孩子不同方式的关爱，积极探究文化的差异。

总之，嵌入教学英语阅读能让学生体会到不一样的文化，见识到更加广阔而真实的世界。因此，作为一名英语教师，有必要在新的课程标准指导下，在

---

① 朱浦. 小学英语教学关键问题指导 [M]. 北京：高等教育出版社,2016:172—177.

阅读教学中加强对学生文化意识的养成教育，发展学生的跨文化理解与交流能力。阅读资源中的文化意识培养对于小学生英语学习有着极为重要的意义，教师应积极挖掘、分析阅读资源中蕴藏的文化因素，并与教材内容和学生日常生活经验充分结合，利用隐性潜移默化的熏陶以及显性教学活动的引导，促使学生更真实、更生动地体验语言文化的魅力。

（撰稿者：陈燕）

读悟教学：深度学习的秘密武器

读悟教学以指导学生"感悟"为核心，使其在读中加深理解和体会，从而受到情感熏陶或者思想启迪，享受审美乐趣。读悟教学富有工具性和人文性，尊重学生的个性化学习体验。一方面可以培养学生的语言感受和表达能力，提升学生的思维品质。另一方面也可以弘扬人文精神，带领学生领略中国文化的古典深厚、博大精妙，进行深度学习。

小学阶段接触的第一篇文言文是《司马光》，是文言文的启蒙教学，有其重要的意义和承载的使命。教师通过读悟教学，带领学生掌握学习文言文的方法，从而培养学生学习文言文的兴趣，打好学习文言文的基础；也为他们了解中华优秀传统文化，积淀一生文化素养起到关键作用。①

一、 初读：以读促读，激发认知兴趣

此时，老师和学生一同初读课文，一方面直观地做出了榜样，教会了学生该怎样潜心读书，有效地避免了走过场；另一方面，因为切身实践了，就能准确地把握读完课文所需的时间，提醒起学生来更有说服力。②

---

① 陈芬. 上好文言文第一课——《司马光》教学例谈 [J]. 成才,2020 (09):46—48.
② 王林波. 走出初读课文的误区 [J]. 教学与管理,2012 (29):33.

接着，通过教师的范读、示范正音以及词句间的停顿，帮助学生熟悉古文的语感，让学生感觉自己可以从容面对，感觉舒服，从而愿意去亲近古文。之后通过自由读、指名读、男女生赛读等方式，正确流利地朗读课文。

二、 精读：以读促说，提升表达能力

精读要读出故事意味。"书读百遍，其义自见。"文言文要反复吟咏，在读中让学生理解文意，体验故事情节的变化，感受人物的形象，体悟故事的意蕴。① 让学生沉浸在故事之中，不知不觉得到感染、熏陶。

学生可以由"群儿戏于庭"五个字，并借助注释和课文插图，了解故事发生的地点和人物。并且教师要善于抓住语言训练点，在发挥想象中，加深对故事的理解以及口头表达能力。

如：生分组讨论，自由想象说话。

群儿戏于庭，一儿登瓮，一儿_____，一儿_____，一儿_____。

精读课文，我们不难发现，原来作者写这篇文章的方法像极了学生写《一次大扫除》或者《课间十分钟》的方法，都是先从整体上写，再抓住某一两个重点人物来具体描写。"群儿戏于庭"就是从整体上来写的，而"一儿登瓮，足跌没水中"则是对重点人物的具体描述。

师：当看见有人掉进瓮中，其他的小孩有怎样的反应？能想象一下他们当时的样子吗？有的孩子……有的孩子……还有的孩子……小朋友们，让我们穿越时空，也来当一回古人，把刚才的话用简短的文字说一说。试着用"众皆弃去，一儿_____，一儿_____……"的句式说一说。

生：一儿大哭，一儿狂叫，一儿惊走，一儿呆立，一儿呼喊……

---

① 金立义. 小学文言文教学要义［J］. 语文教学通讯,2019（27）:14—15.

在这个对话中，我还设计了延伸训练：如果你是当时小朋友的一员，你会怎么做呢？孩子们想象丰富，有说找长绳的，有的说找竹竿，有的说搬梯子，也有说几个小朋友叠加起来，把那个落水的小朋友拉上来。听了孩子们的回答，我和孩子们一致思考这些办法的可行性，有的说即使拿来了长绳或者竹竿，瓮里的孩子估计都吓得半死了，哪还抓得住绳子、竹竿的；有的说要找梯子的话还不如喊大人来得快；还有的说几个小朋友叠在一起，上面的孩子叠得稳当吗？下面那个小朋友承受得住吗？别到时候瓮里的没救出来，其他的也掉进去了……这样的课堂争论，使我深深感悟到延伸训练的精彩纷呈，在学生现有的生活经验基础上引导他们用心思考、发挥想象、各抒己见，这样的课堂才充满活力。

在小伙伴们惊慌失措的时候，我让学生读读课文再结合插图看看：司马光在干什么？谁能模仿他的动作？刚说完，就有几个同学高举右手，我让他走到讲台前表演司马光，其他同学扮其他小孩，有的吓得直喊救命，有的被吓得站在原地不动，有的立刻跑了，有的吓得原地哇哇大哭，而表演司马光的同学做了高举双手使劲往下砸的动作，还发出"砰"的一声，真把司马光的果断、勇敢、机智的形象表现得淋漓尽致。

在语文学习中，许多理解都建立在朗读的基础之上，笔者基于相关材料，通过多样的活动设计，帮助学生充分调动听觉和视觉，先初步感知故事和文本，再进一步深入学习词句，帮助理解故事和文本，最后感悟故事内涵。

三、 品读：以读促悟，培养思维品质

语文学科的核心素养包括"语言的建构和运用"、"思维的发展和提升"、"审美的鉴赏和创造"以及"文化的理解和传承"四个方面。"思维的发展和提升"是语文教学很重要的任务之一。思维和语言是息息相关的，思维的提升有助于语言的发展。在语文学习中，要重视培养和提升学生思维的品质。包括思维的深刻性、灵活性、独创性、批判性、敏捷性等。① 《司马光》打破常规，急中生

---

① 金立义. 小学文言文教学要义［J］. 语文教学通讯,2019（27）:14—15.

智，砸缸救人，体现了思维的独创性。别的孩子是让人离开水，而司马光是让水离开人。司马光的机智聪慧，就给孩子们留下了深刻的印象。教材中蕴含着这些思维培养点，教师要善于发掘，精准把握，用于提升学生思维的品质。① 同时，让学生古今对照，既可将生活体验和感悟注入文言文，以加深理解和感悟；也可以从文言文中吸取经验和教训，获得对生活的新体验、新感悟。

总之，在深度学习的读悟教学中，促读是文本解析的铺垫，促说是提升语言表达的关键，促悟是培养思维品质的有效途径，三者相辅相成，缺一不可。

第一，以读代讲，解析文本。学习文言文的最好方法还是读，因此学习本课的主要方法是朗读。让学生经历初读、精读、品读的过程，当然，代讲并非完全不讲，提倡的是教师"少讲"，好的"讲"发生在学生最需要的时候：当学生遇到疑难问题，百思不得其解之际；对某个问题的理解，似是而非不能确定之时；围绕某个问题的理解，争执未有结论之时……正所谓"不愤不启，不悱不发"。

第二，创设情境，以学定教。语言实践的有效开展必须依赖于活动情境的创建。我们提供给学生一定的语言材料，实际上是提供了一个特定的问题情境。它使学生在一定的范围内或者是在一定的限制内思考一个问题，说一段话。本课中，对"群儿戏于庭"、"众皆弃去"不同反应的想象说话就是在创造性地描述，在个性表达中让学生的语言表达能力获得提高。

第三，精准发掘，提升思维。在语文学习中，要重视培养和提升学生思维的品质。包括思维的深刻性、灵活性、独创性、批判性、敏捷性等。教材中蕴含着这些思维培养点，教师要善于发掘，精准把握，以此提升学生思维品质。②

（撰稿者：许娜）

---

① 王小龙. 高中数学中如何培养学生的思维能力［J］. 课程教育研究，2012（16）：17.
② 金立义. 小学文言文教学要义［J］. 语文教学通讯，2019（27）：14—15.

第六章

课堂教学是人性光辉照耀彼此的过程

课堂教学是人性光辉照耀彼此的过程。教师通过尊重、观察、研究学生的个性差异以及情感表现，对儿童进行激励与表扬，有利于课堂氛围的改善，有利于促进儿童人格的完善，有利于育人品质的提升。在此过程中，教师也能通过对话提升自我，课堂教学由此成为教学相长的过程。

《礼记·学记》中有云："是故学然后知不足，教然后知困。知不足然后能自反也，知困然后能自强也。故曰教学相长也。"作为学生成长过程中极为重要的角色，教师需要在课堂教学的对话中对孩子进行有效且深刻的引导，使课堂教学成为师生的人性光辉照耀彼此的过程。

孩子的思维是发散、活跃的且具有自己特质的。教师需要认真分析每一个学生的具体情况，从多元的角度激发学生自我进步、自我发展的意识和潜能。学校与教师的根本目标是育人，作为教育者，我们应该尊重、关注、研究学生的个性差异，通过全面、多形式的问答使学生在学习的同时培养自我的心智与性格。

学生是课堂的主体，课堂教学是学生学习活动的主要阵地，也是联系教师与孩子情感的重要桥梁，教师既要关注孩子的学习接受水平，更要重视他们在教学过程中表现出的学习态度和情感。在教学中进行正向激励将点燃他们学习的热情。"教师的期望有多大，学生的期望就有多大。"平日中善于发现学生的闪光点，正确地对学生进行激励，在有助于学生学业进步、身心成长的同时，也将进一步改善课堂氛围，有效促进学生个性健康发展和人格完善。

对于教师而言，课堂也是促进自己成长的平台。课堂中，教师要通过问答来了解学情，对教学进度、教学方法进行适时调整，从而促进学习效率的提升，也能促进自身的反思与改进。师生是一对不可分割的关系体，教师在课堂中能够充分肯定学生的同时，拥有"弟子不必不如师、师不必贤于弟子"的谦虚态度，就能在长期的教学实践和自我发展中，获得持续不断的源头活水，师生相辅相成，最终促进共同成长，更能促进学生的主动发展。

总之，在实际教学中，教师要认识到课堂教学过程中对话的重要性，将其灵活地应用到教学中，确保关注到每个学生个性、心智、情感与学习层次的多元化，提供充满学习氛围与学习热情的课堂，使每个孩子都能全身心地投入到学习中，也能发现教学工作中存在的问题并加以改进，提升教师自我教育水平，及时调整教学进度、改善教学模式与方法，最大程度地提高教学质量，使课堂教学真正成为"教学相长"的过程，让师生的人性光辉照耀彼此。

创意 6-1

即评教学：开启儿童思维发展的大门

　　课堂是学生思维发展的主要阵地。思维虽然是隐性的，但是可以借助课堂活动来具象化，通过即评教学来予以强化，在课堂中教学要把握评价时机，触发思维发生的机会；巧用评价方式，拓展思维发展的空间；关注生生评价，凸显思维的学科内涵；注重情感激励，凸显思维的学科内涵。

　　我校一直倡导"唤智课堂"的理念，"唤智课堂"注重在课堂中给予孩子学习经历和学习体验，让孩子在课堂中收获知识，学会学习，提升课堂品质；注重充分发挥学习者的学习的主动性和能动性，提升学习品质。而在语文课堂上，我们发现这样一个现象，低年级的语文课堂上，学生们举手比较多，但普遍集中于字词以及识记；高年级的课堂总是沉默无语的，学生很少主动举手发言，学生的积极性和主动性很难调动。怎样给予孩子学习经历和学习体验，发挥他们学习的主动性和能动性，开启儿童思维的大门，提升学习品质，改变这一现状呢？笔者将从把握即时评价、触发思维发生的机会，巧用延时评价、拓展思维发展的空间，关注生生的评价、提升思维发展品质和注重情感激励、凸显思维的学科内涵这几个方面来谈谈在课堂教学中的尝试。

一、把握评价时机，触发思维发生的机会

　　课堂上，教师可以根据课文内容、表达、写作的特点，为学生指点迷津。

在备课时充分地进行预设，在课堂上及时地进行引导，让孩子去发现问题，养成质疑问难的良好思维习惯。在低年级阶段，孩子有质疑的意识，但是质疑的能力却比较低，思维比较散乱，容易问出一些与课文相关性不足的问题，甚至是"胡思乱想"，但是这些也并非全无意义，这时就需要教师在评价时多追问"为什么"，鼓励孩子审视自己提问的源头，来帮助孩子系统合理地质疑。①

如在教学沪教版语文二年级上册《发烫的手指》一课时，初读课文之后让孩子提问。一个孩子一直把手举得高高的，他站起来问："老师，我的问题是贝多芬是不是在晚上练琴的？"这个问题明显远超过我的预设。迟疑了一会儿，我继续追问："为什么你会这么想？""因为我觉得贝多芬是一个会弹琴忘了时间的人。"看，其实孩子并没有胡思乱想，他是基于一定依据的，只要我们更进一步去追问，看清楚他们所想。"能说清楚一点吗？提出你对文章的疑问。"我继续追问。"贝多芬是一个怎样的人？从哪里看出来的？"孩子一下子问出了两个与主题相扣的问题，迅速转换了角色，露出了开心的笑容。其实，孩子在质疑时，有自己的思考，教师的质疑问难可以引导他们他们理清思路，帮助他们突破思维的盲点，一切就迎刃而解。

思维是有方向的，正确的思考方向，是高阶思维发展的第一步②。孩子们往往最需要的帮助就是一个方向引导。有效的评价可以引导孩子们找到思维的方向，捋顺思路。如在教授《发烫的手指》一课时，课文是围绕贝多芬"全神贯注、刻苦努力"来写的，这一单元的重点是学会边读边思考，我在一开始在孩子们质疑"为什么手指会发烫？"、"谁的手指在发烫？"时，便引导孩子们明确贝多芬是一个刻苦努力的人，为他们的思考奠定了一个正确的基调，这样在找关键词时更清晰准确。

教师在评价时多追问"为什么"，鼓励孩子审视自己提问的源头，来帮助孩子系统合理地质疑。这样的评价引导为孩子思维提供了方向，但是重要的是要

---

① 周媛. 小学语文教师课堂教学语言现状研究［D］. 上海师范大学,2019.
② 张燕. 小学语文课堂对学生语文高阶思维能力的培养探究［J］. 新课程,2020（25）:146.

让孩子养成多问"为什么"的习惯，在日常生活中，养成追问的习惯，将语文学习扩展到生活中去，形成对文字的敏感、对生活的思考。在课堂中，教师要不断地、适时地、反复地使用评价来帮助学生形成"打破砂锅问到底"研究态度。教师也要把目光放长远，帮助学生打破课堂的限制，真正地活跃学生的思维。

二、 巧用评价方式，拓展思维发展的空间

尊重学生个性，关注学习差异，把握学习时机，调节学习心理。当学生回答完一个问题后，教师语气的停顿、眼神和表情的期待等给予学生的暗示，都可以使学生产生重新思考问题的意识与愿望。这种学习心理的调节必然带来学习行为的调整，学生会自觉地重新投入到学习活动中去，重新思考问题的答案或解决问题的措施，从而保护了他们积极的学习心理。

让思维敏捷的孩子审视自己的行为或者表达，自发地修正自己的行为或者更加笃定自己的行为，让自己的思维过程重现，分析自己的理解过程，创造出新的想法。如在教授《日月明》一课时，在理解最后一句"众人一条心，黄土变成金"一句时，一个孩子立刻举起来手："老师，就是很多人都有一个同样的想法，黄土也能变成金子。"经过一段沉默后，孩子自己摇摇头："黄土是不能变成金子的……应该是……很多人有一样的想法后，就会一起努力，那么就会成功。"这个孩子是思维比较活跃的孩子，他反应很快，但是想得不够完整，教师要给他时间整理自己的思路。

创设一种宽松的氛围，允许孩子的失误，让孩子在这种宽松氛围中，发现自己的失误，主动解决自己的失误，进而"变废为宝"。还是在教授《日月明》一课，在板书课题时，孩子们已经发现了"日"加上"月"就是一个"明"字，并且七嘴八舌地讨论白天太阳最亮、晚上月亮最亮，于是我追问他们，"那么你觉得明是什么意思呢？"孩子们纷纷举手。一个孩子站起来便说"明指的就是明天"。于是我看着她，笑着，重复了一遍问题："再想想，白天太阳最亮，晚上月亮最亮，那么明的意思是——"她红着脸说："我觉得应该是很明亮的意思。"她将话语联系起来，轻松地理解了这个"明"字。

研究表明，成就感是学生在课堂上最渴望得到的，获得成就感是学生进步的最大内部动因。教师在对学生提出的问题或作出的回答不予以及时的评价，给学生留下一定的自由思考空间，引导学生在自主合作中展开讨论，让学生在完成思考过程、获得顿悟之后给以恰如其分的评价或小结的评价方式，能很大限度地让学生自主发展。一开始，可能孩子们说得不对或者不会表达，教师可以适当地扶助，但是绝对不能插手，不能随意点评，要及时鼓励学生，试想如果我在孩子说"明天"时，就说不对，孩子很可能接下来就不听了，只顾着难受了，难道"明"没有"明天"的意思吗？给予孩子一个空间，最重要的是学生愿意思考、得到发展。

三、 关注生生评价，凸显思维的学科内涵

　　学生之间互相评价，即生生评价，非常能够反映出孩子的思维品质以及现阶段的思维水平，同时也给孩子直接的高阶思维体验。如在学习部编版语文一年级第2课《小小的船》时，在教授停顿的时候，采取男女生赛读和个别点评的方式，孩子们通过同伴的点评知道自己的不足和改进方向；点评的人通过思考而进行的点评，有理有据，更让人信服，学生逐渐明白评价不是单纯的"好"与"不好"。《小小的船》这一课内容简单，画面美好，富于想象，重点是读好长句子的停顿。因此我设计了男女生比赛读长句子的方式，激发学生朗读的热情。在朗读之后，我选择了小潘同学来点评，并规定先说优点，再说缺点。小潘同学根据刚才朗读的情况提出了："男生读得很整齐、响亮，但是一直都太响了，应该把小小的读得轻一点，这样就会显得船儿很小。"小潘十分擅长朗读，评价也十分到位。我立刻提出："小潘，评价得很具体，你能不能范读一下。"小潘照做了，正如他所说的那样，有重有轻。接着，我便再请小黄同学点评，小黄同学立刻说出了："小潘同学读得有轻有重，仿佛让我感到了船那么小。"再次齐读，果然，节奏动人了很多。

四、 注重情感激励，凸显思维的学科内涵

　　小学阶段的学生与教师的关系是最紧密的，他们重视教师以及同学的看法，教师要充分把握这个特点，不断地唤醒孩子们进行高阶思维的动力，让他们在鼓励中爱上语文，明确语文学科也需要在不断地思考与磨炼中进步。兴趣是最好的老师，一旦对思考感兴趣，便会去尝试不断地思考，展开自己思维的翅膀，在真实的成就感体验中不断地强化，不断地发展，不断地进步。[①]

一节课上，教师根据不同的情形会采取不同的评价形式来实现学生高阶思维的发展。而对于小学阶段的语文学习，肯定或者说正面评价引导是最有效的方式，正面评价一可以让学生懂得"好"的标准是什么，为他们树立了一个典型的榜样；二是对学生主体充分尊重，得到尊重的学生更尊重自我，更容易主动去思考、积极去思考。

在小学语文课堂中，发展高阶思维最有效的方式就是让孩子主动去思考，不依赖教师的讲解分析。教师通过多维的评价引导学生自己反复深入阅读、思考，找出矛盾的根源所在，亲身参与到把问题弄懂、把知识建构起来的过程，让学生学会不迷信标准答案，凡事都要经过自己的头脑去思考，然后再作出判断；为学生创建一个轻松和谐、可以自由展开思维翅膀的课堂氛围，充分尊重每一个孩子独特的个性，充分关注每一个层次的孩子，让每个孩子都愿意去思考、可以去思考。创造机会让孩子们去主动发展自己的思维，这样他们的思维能力才能不断提高，教师也能从机械的反复操练中跳脱出来，真正地成就孩子思维能力的发展。

综上所述，课堂即时评价是教师对学生在课堂上的学习态度、过程、效果等方面做出实时评估的过程，它主要起着反馈、激励、调控和导向的作用，成为对学生影响最大的过程性评价方式。思维在引导中得到催生，孩子的质疑、反思等高阶思维能力很多时候都是在无意中生成的璀璨火花。评价的最终目的是为了实现评价主体能力的发展，评价能力也是高阶思维的一种。因此教师的评价必须是服务于评价主体的，旨在提升评价主体的思维品质，让评价主体进行评价行为是最直观的评价思维品质的体现。同时，也给孩子们最直接的思维

---

① 黄英秀. 小学语文学科"核心素养"的内涵及实现路径［J］. 课程教育研究，2020（38）：105—106.

体验。每个学生的现有思维水平和思维能力都是不同的，教师在进行评价时要更关注学生思维能力的发展和提升、思维的态度和习惯，不可强求整齐划一，这也不是高阶思维发展的内涵。采取分层任务和分层评价，以促进学生思维发展的兴趣和动力，是个性化评价的动因。苏霍姆林斯基说："情感如同肥沃的土壤，知识的种子就播种在这个土壤上。"小学阶段的孩子思维是相对比较活跃的，没有一个孩子不愿意主动思考、不愿意表现出自己最好的一面，教师的评价不仅要鼓励孩子们敢于思考，还要发掘学生善于思考的着眼点和关键点，充分给予学生思维发展的空间和时间，让学生在教师适切的评价引导中有效地发展思维能力。

（撰稿者：李丰业）

创意6-2

导思教学：课堂教学的点拨艺术

思维的参与是课堂教学参与的最高境界。课堂教学就是要引导学生思考；教学生怎么思考、如何思考；让学生勤于思考、善于思考。"导思教学"是以教师为主导，以学生的思考为核心，通过激思、引思、拓思，逐步带领学生进行深入思考，轻松地融入课堂教学过程中，让学生在自己主体思维的引导下对问题进行完整的思考，以达到掌握知识并发展能力的目的。

思维的参与是课堂教学参与的最高境界。课堂教学就是要引导学生思考；教学生怎么思考、如何思考；让学生勤于思考、善于思考。因此，课堂教学需要教师进行适当的点拨，充分激发学生数学思维的具体过程。"导思教学"是以教师为主导，以学生的思考为核心，通过激思、引思、拓思，逐步带领学生进行深入思考，轻松地融入课堂教学过程中，让学生在自己主体思维的引导下对问题进行完整的思考。"导思教学"需要教师在课堂教学中进行合理的安排，可以通过设计难度适合的学生自主探究、有效问题和变式训练等教学活动，并进行主导性的点拨，来排除学生学习过程中存在的知识障碍，启发学生进行思考和研究，自主寻找解决问题的途径和方法，以达到掌握知识并发展能力的目的。

初中几何具有一定的抽象性和发散性，激发学生数学思维是几何教学的重要任务。笔者以沪教版初中数学八年级下学期第 22 章第 6 节第二课时《梯形中位线》一课为例，结合自己教学经验尝试"导思教学"，感悟课堂教学的点拨艺术。

一、 激思，自主探究的目的

　　学生小组自主合作探究学习是课程改革积极倡导的有效学习方法之一。学生通过小组自主探究问题，过程中可以自主探究、合作交流、动手实践，在讨论交流过程中，学生可以倾听、交流、协作和分享，优势互补。特别是在初中几何教学中，效果更为明显，不但可以合作交流、动手操作等，还增强了学生的学习几何的兴趣，更是在无形中激发学生的思维。

例如：证明梯形中位线性质定理

已知：如图，在梯形 $ABCD$ 中，$AD//BC$，点 M 是 AB 的中点，点 N 是 CD 的中点。

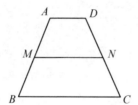

求证：$MN//BC$，$MN = \dfrac{1}{2}(AD + BC)$。

　　在该定理的证明过程中，采取小组"自主、合作、探究"的模式让学生尝试自己解决问题，并让小组代表分析讲解本组的思路和方法。

小组讨论的过程中出现几种不同的辅助线的尝试：

生 A：我们首先尝试分别延长 BA 和 CD 交于点 P（图 1 方法），想把梯形问题转化成熟悉的三角形问题来解决。

师：那么你们是如何证明的？

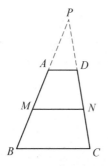

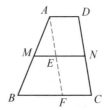

图1　延长 BA 和 CD 交于点 P　　　图2　过点 A 作 CD 的平行线

生 A：在接下来的证明过程中，我们小组发现该方法不能得到证明，因为 M、N 两个中点没有起到任何作用。

生 B：我们小组尝试了过点 A 作 CD 的平行线，分别交 MN、BC 于点 E、F（图2方法），也是尝试把问题转化成熟悉的三角形和平行四边形问题来解决。

师：那么你们是如何证明的？

生 B：首先我们很容易证明四边形 $AFCD$ 是平行四边形，得到 $CD=AF$，我们想利用三角形中位线定理来解决问题，但是发现不能证明点 E 是 AF 的中点，所以也不能证明。

……

　　新课改的理念也逐渐提倡把"课堂还给学生"，让学生成为课堂的主人。让学生变被动学习为主动学习的角色，给予学生充足的时间，让学生经历"自主、合作、探究"的学习过程，并让学生大胆、充分地表达自己的思考和观点，从而初探学生的思维。特别是初中几何课堂，整节课中更要把更多的时间留给学生，并持续关注学生的学习进程、引导学生思考，促进和加深学生对新知识的理解和掌握，同时也培养学生自主解决问题的能力。

二、 引思，教师追问的意义

思维是从对问题的惊讶开始的。因此，培养学生的思维能力，教师应该注重问题的设计。实践证明，问题是思维的"启发剂"，它能有力地调动学生思维的积极性和主动性。所以课堂提问成为激发学生学习兴趣、启发学生深入思考、引导学生扎实训练、检验学生学习效果的有效途径。而在课堂提问中，"追问"往往是最行之有效的方式之一。

例如：证明梯形中位线性质定理

生C：我们也是想把梯形问题转化成三角形中位线问题进行解决，尝试连接 AN 并延长至点 E，使 $AN＝NE$，连接 CE。

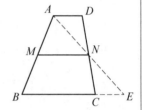

连接 AN 并延长至点 E，使 $AN= NE$ 再联结 CE

师追问1：那么你们又是如何证明的？

生C：首先利用"SAS"方法证明 $\triangle ADN$ 与 $\triangle ECN$ 全等，从而得到 $AD = CE$，则 $BE = BC+AD$，再利用三角形中位线定理就可以证明 $MN \parallel BC$，并且等于 BE 的一半，即等于 AD 与 BC 之和的一半，就等到了证明。

师追问2：为什么 BE 就等于 BC 加 CE 呢？

生C：由图就可以知道啊。

师追问3：你的辅助线是连接 AN 并延长至点 E，使 $AN＝NE$，连接 CE。连接 CE，你怎么知道 CE 和 BC 在同一条直线上呢？

生C思考后：好像不能证明。

师追问4：目前我们很少去证明三点共线问题。那么你能不能用其他的辅助线的方法来避免这个问题呢？

生C思考一会后：可以连接 AN 并延长交 BC 的延长线于点 E。

师追问5：那如何证明 N 点是中点？

生 C：先证明△ADN 与△ECN 全等。

师追问 6：没有 AN＝NE，如何证明全等？

生 C：可以利用 AD//BC，证明∠ADC＝∠NCE，再用"ASA"证明两个三角形全等，从而证明 AN＝NE，即点 N 是 AE 的中点，然后就可以利用三角形中位线证明。这样就解决了要证明"三点共线"的问题了。

……

几何教学中，学生的思考和回答往往是肤浅的，或者是表面的。本课通过这几个"追问"的设置，让学生对这部分知识有了更深的了解，同时也让不同层次的学生得到不同的发展；让学生获取学习体验，同时也让学生初步感受了化归思想；让学生探究问题的能力得到了提高，同时引导和催化了学生的思维；让学生的思维不断地深入和发展，同时也激活了我们的初中几何课堂。

三、 拓思，变式训练的价值

变式训练作为几何教学中的有效方法之一。对数学中的问题进行不同角度、不同层次、不同情形、不同背景的变式，可以利用"几何画板"让几何图形化静为动，化抽象为具体，让学生更加直观的去感受和认识图形，在图形的变化中自主探索发现，从中寻找和发现基本图形、基本情境中所存在的规律；让学生体会到"从变化中找出不变"，激发学生学习数学的兴趣和信心，同时加深对知识点的理解和应用，更是拓展了学生的思维。

例如：如图：四边形 ABCD 是平行四边形，点 E、F 分别是 AD、BC 边上的中点。

求证：$EF//AB//CD, EF=\dfrac{1}{2}(AB+CD)$。

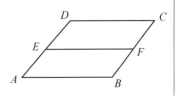

变式 1：当点 D 沿着 DC 方向移动到如图位置，点 E、F 分别是 AD、BC 边上的中点。

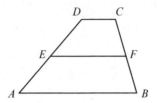

求证：$EF/\!/AB/\!/CD, EF = \frac{1}{2}(AB+CD)$。

变式 2：当点 D 沿着 DC 方向移动至两点重合，如图位置，点 E、F 分别是 AD、BC 边上的中点。

求证：$EF/\!/AB, EF = \frac{1}{2}(AB+CD)$。

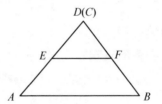

  相信在整个变式的过程中，学生很容易发现平行四边形中的线段 EF，相应地变成梯形的中位线，再变成三角形的中位线。（当点 D 与点 C 重合时，CD 的长度记为 0）因此整个过程中，始终保持 $EF/\!/AB$，$EF = \frac{1}{2}(AB+CD)$，对三角形、梯形的中位线有了更深入的了解。

变式 3：当点 D 沿着 DC 方向移动到如图位置，点 E、F 分别是 AD、BC 边上的中点。

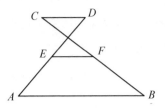

顺势提出：变式到该位置时，猜想会有怎样的结果？

此时相信学生不难得到：$EF /\!/ AB /\!/ CD, EF = \dfrac{1}{2}(AB - CD)$。

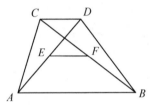

这样学生就很容易学会另外一道题目，并得到一个重要的结论：梯形对角线中点联结得到的线段平行两底，长度等于两底差的一半。

初中学生的思维一般比较模式化、固定化、单一化，特别是在几何图形的认知上，往往只停留在熟悉的一幅图形、一道题目、一个知识点上，不能识别图形、题目、知识点之间的内在联系。通过以上变式的训练，不但加深了学生对三角形、梯形中位线定理的掌握，更是进一步了解了两者之间的联系；不但增强了学生学习几何的兴趣，更是激发了学生的发散思维，真可谓"融会贯通"，让学生也更加喜欢几何课堂。

综上所述，激思、引思、拓思训练的"导思教学"是发展学生思维，保证和提高教学质量的有效途径。通过小组自主合作探究学习，可以激发学生最初的思维；借助教师及时追问，有力地引导学生思维的积极性和主动性，让学生更深入、全面的思考；变式训练的设计，拓展了学生的思维，让学生更清晰地掌握知识之间的联系和迁移，更让学生的思维得到不断地深入和发展。"导思教学"通过适时适度的设疑激趣、富于艺术性的点拨，让学生的思维由"单一型"向"多样型"、"常规型"向"创新型"、"平面型"向"立体型"发展，以达到掌握知识并能发展能力的目的。

（撰稿者：吕龙）

深度学习：借助概念教学促进逆向思维发展

学科知识的学习往往遵循着由概念入手，认识特征或性质，再利用知识解决实际问题这样的顺序，在问题解决的过程中重新反思知识的普适性。借助概念教学启发学生反思方法的合理性，带动学生由正向进而产生辩证与逆向的思考，引发课堂深度学习。

在提倡学生全面均衡发展的今天，我们需要进一步认识和理解发现和提出问题的价值，探究发现和提出问题能力的培养途径。逆向思维的发展对于学生的整个思维发展进程的影响是极大的，均衡发展学生的正向思维和逆向思维能力是提升学生素养的重要途径。[①] 数学学习过程中，其实很多知识点都是有着互逆关系的，比如加法与减法、乘法与除法、乘方与开方、整式乘法与因式分解、几何中的判定定理与性质定理等等的学习都需要逆向思维来帮助理解及应用，同时逆向思维的发展可以有效促进学生深度学习。"因式分解与整式乘法"这一互逆过程对培养初中生的逆向思维具有相当的代表性，笔者选取沪教版七年级数学第一学期 9.14 公式法（1）《平方差公式》一课为例，借助因式分解的概念教学促进学生的逆向思维发展。

---

① 黄菊. 基于逆向思维的数学问题提出能力研究［D］. 江西师范大学，2020.

本堂课是利用平方差公式进行因式分解，这是学生在学习了因式分解的概念及提取公因式法之后，接触的第二种因式分解的方法，方法的学习是以概念为基础的。在新课导入环节，利用了复习导入的方式，一方面是为了进一步巩固因式分解的概念，另一方面通过抛出问题——对于多项式 a^2-b^2 如何因式分解，对学生已有认知形成冲击，促使学生进行主动思考。因为有课前练习做铺垫，学生很顺利地就能联想到乘法公式的平方差公式，在教师的引导下迅速做出处理，即对公式进行逆向处理，这一过程很好地利用了概念，促进了学生逆向思维的进行。

一、 从概念到方法，正向思维触发深度思考

师生共同总结出利用平方差公式进行因式分解的方法之后，师生共同完成例题，由学生独立完成课堂练习，其中第（3）小题因式分解：$(2a+b)^2-(2a-b)^2$，对学生来说是容易产生困惑的题。从课堂观察结果来看， 学生对于这道题的做法主要有两种， 第一种是按照公式进行分解 $[(2a+b)+(2a-b)][(2a+b)-(2a-b)]$， 得出结果 $8ab$， 第二种是直接将多项式进行展开运算 $4a^2+4ab+b^2-(4a^2-4ab+b^2)$， 得出结果 $8ab$。 此时教师抛出问题： 既然正确结果是 $8ab$，那么第二种方法按照乘法公式进行计算得出的结果是否可行？接下来的课堂对这两种方法进行了师生交流，有学生认为不可行，因为这不是在做因式分解，而是整式乘法，如果解题思路的方向都错了，那肯定不对。（其余同学点头表示认可）也有学生认为这只是一种解题结果的巧合，方法不可取。还有同学认为虽然方法不可取，但结果确实正确，不能抹杀他的思考成果。教师做了总结性的评价，认为学生的观点都有道理，但是其实因式分解的方法有很多种，等我们学完常见的因式分解方法之后我们可以继续讨论这道题的这种方法的可行性。

在这一段师生对话中，学生其实还没有彻底解决第二种方法到底是正确还是错误这一问题，但已经触发了学生的思考——到底什么才是因式分解，学生对因式分解方法的学习，是建立在因式分解的概念基础上的，然而本题却利用整式乘法的方式得出了正确结果，显然有了矛盾，那么从概念到方法的过程，出

现了理解危机。但这种"危机"的出现对激起学生的思考是非常有帮助的，这种由解题方法产生的危机反过来思考概念，便是一种逆向思维，也正是课堂深度学习的发生。

二、 从方法到概念，辩证思维促进深度学习

在学习了公式法——完全平方公式、十字相乘法之后，布置一道作业题：将 $x(x+4)+3$ 因式分解。我们在课堂上继续讨论了因式分解：$(2a+b)^2-(2a-b)^2$ 这道题第二种方法的可行性，师生再一次进行方法与概念的辨析。

教师再次抛出上节课未解的问题：通过"因式分解 $x(x+4)+3$"这道题，我们可以看到，实际上因式分解的方法并非是一成不变的。那么我们再回头去看"因式分解：$(2a+b)^2-(2a-b)^2$"， 当时的方法二可行吗？

经过思考依然有部分同学还是觉得不行，因为因式分解的概念中提到是将一个多项式化为几个整式的积的形式，而方法二采取是整式乘法，与因式分解的概念不符。紧接着教师引导学生再次思考概念中提到的"将一个多项式化为几个整式的积的形式"这句话，是否有提出限定必须采用怎样的方式进行转化。学生经过思考发现没有限定方法，但是接下来的新知就是学习因式分解的方法，比如提取公因式法、公式法、十字相乘法都是如何化的问题，但把原本可以直接用公式的多项式却用了整式乘法展开的方式不可行。教师进一步追问，教材上是不是囊括了因式分解的所有方法，学生认为显然不是，具体问题还要具体分析，比如"因式分解 $x(x+4)+3$"这道题，就没办法按照既定方法来，必须先展开再做，可见方法不是绝对的。以上可以看出，不难发现书本上的知识只是冰山一角，方法也不是唯一的，事物也很难是绝对的。其实从因式分解的概念，我们知道只要是将多项式化成了整式的积就是进行因式分解，至于怎么化，那么就要具体问题具体分析了。因为这道题的答案较为特殊，所以对于这道题而言，第二种方法是可以的，但我们不提倡这种做法。其实因式分解的方法非常多，比如添项、拆项等，建议有兴趣的同学可以课后查资料进行更多的学习。

第二次师生的对话辨析，似乎也未能明确第二种方法到底行还是不行，或

者说既行又不行，对这道题而言是可以的，但却不提倡这种做法。通过两次的交流对话，学生的脑海中对因式分解的概念与方法有了更深刻的理解，或者说对于解决问题的方法有了一些理解，不可一概而论。而用辩证的观点看问题是这场师生对话真正想要达到的目的，也是学生真正收获到的数学学习品质。而用辩证的眼光看问题，也是发展逆向思维的重要途径。①

课堂上的师生、生生交流，正是思维的碰撞，在交流的过程中，师生之间的表达（口）、观察（眼）、倾听（耳）、思考与再思考（心）同步运转，是一种最佳的课堂状态。高质量的对话，可以大大提升课堂的有效性和师生的获得感，而有效性与获得感无疑是幸福课堂的重要表现。本堂课最为精彩的生成，便是习题 2 的两种不同方法的辨析过程，师生之间的对话、追问、反驳，将问题层层打开并进行剖析，那么理越辩越明。

三、从结果到过程，逆向思维加深深度反思

一题多解是数学中经常遇到的问题，也是培养学生发散性思维的良好途径。当不同方法产生不同结果，那就要思考结果的正确性进而思考方法的科学性；当不同方法产生相同的结果，那就应该思考不同方法之间的关联，是否有互通之处，此时我们应该重点关注的就是过程。在这个思考过程中，我们往往执果索因，进行逆向思考，促进深度反思。

课堂练习的这道题将课堂的氛围推向了高潮，尤其是后续再一次对这道题的讨论，引起了师生的共同思考，在这个过程中，学生的主动思考、合作学习、反思求变都有得到很好的体现。因式分解与整式乘法是互逆的过程，就如减法与加法、除法与乘法、乘方与开方之间的关系，这种互逆有利于培养学生的逆向思维，而另一方面这种互逆的对立，可以通过某种方式进行统一，比如减去一个数等于加上这个数的相反数，除以一个不为零的数等于乘以这个数的倒数，那么"因式分解：$(2a+b)^2-(2a-b)^2$"的第二种方法就是因式分解

---

① 周荣伟. 苏科版数学教材"阅读"栏目的教学实践及思考——以"整式乘法与多项式因式分解的关系"为例 [J]. 中学数学月刊,2019（12）:10—12.

与整式乘法的辩证统一。

综上所述，不仅是数学问题，很多时候实际问题的解决也是多措并举的，假如只有正向思维线性发展，我们会发现很多时候都将无法进行下去，换一个角度换一条路径，有时候"反其道而行之"问题会迎刃而解。而这种思考问题的方式在数学中经常会遇到，那么培养学生逆向思维是现实生活的需要，也能让学生在课堂上有不一样的体验。课堂上学生的思维能由正向而辩证进而逆向进行，那么这样的课堂必然生发了深度学习，我想这也正是新课程改革需要的课堂。

（撰稿者：金婉）

创意 6-4

启言教学：见证学习力的提升

　　启言教学，即启发学生用恰当的语言表达。启的教学，意在学生尚未明晰个中事理时，给予思考性的启示；言的教学，意在学生不知如何表达时，给予规范化的启迪，进而恰当表达。以观带思，由思及言，再由言达写，见证了学生完整的学习过程。启言教学，有利于强化学生的表达能力，提升其逻辑思维能力，深化其理解能力。各项学习力的提升，在启言教学中得以实现。

　　教育，是一种思维的传授，也是一个教书育人的过程。在教育这艘大轮船中，课程改革了一次又一次，上海的教材也从沪教版更替到了现如今的部编教材。课改以来，从培养学生的三维目标到现如今的核心素养，可以说越来越注重学生的"学"。课堂上学生的主动质疑、表达训练、小组合作等学习形式的出现，让我们看到关注学生"学习力"的提升。第一线的老师们也开始意识到课堂的重心应从以前的老师"满堂讲"转向学生的"自主学"。2019 年最新《小学语文新课程标准》中强调："学生是学习的主体。语文课程必须根据学生身心发展和语文学习的特点，爱护儿童的好奇心、求知欲，鼓励自主阅读、自由表达，充分激发他们的问题意识和进取精神，关注个体差异和不同的学习需求，积极倡导自主、合作、探究的学习方式……"一年级学生尚处于学习懵懂期，思维力的提升不是一蹴而就的，课堂上可通过师生的互动擦出思维的火花，进而慢慢达成目标。从细节处观察，继而边观察边思考，思考后道出原委，便是整个学习过程的最佳呈现。用自己已学的方法积极参与学习过程，就能完全体现其学习力。

现在的孩子不同于以前，更多的以自我为中心，总觉得自己做的任何事都是对的，包括自己完成的作业、写的字，也不会耐心地检验正确与否。反倒是别人有一点风吹草动或犯了错，会第一时间提出来，甚至在课堂上或课后打小报告。基于此，我充分利用这个特点，巧妙地与写字教学结合起来。对于一年级学生来说，写字是他们初尝试的学习任务，要写好字，必须从每一笔每一个位置详细指导。故在低年级的写字教学中，为了让学生正确书写，将字形与字位弄清楚、摆正确，我采取了"看——说——论——纠——写"这样的步骤来进行指导，让学生写对字、写好字。这么一来，既扎实了学生的书写基础，又锻炼了他们的观察力，更能提高学习力。

一、 启迪观察，强化表达之力

部编版一年级语文教材以丰富多彩的插图为背景，以由浅入深的内容为教学重点，又将生字与写字有机结合，让学生在增长识字量的同时，学写最基本的字，为写难字打结实的基础。写字指导课，便是为此而生。

在平时与学生的相处中，我发现一年级的孩子很自我，很有自己的想法，最重要的是对别人的一言一行会指手画脚。然而，一提到要动笔写字，往往会退缩。于是，我在写字指导课上进行了如下教学。

当我问他们"小朋友们，今天我们不像往常跟着金老师一笔一画地写字，而是要换一种方式，你们想挑战一下吗？"他们异口同声地回答——想。但当我提示大家，我要出示部分学生写的字时，班级气氛不一样了。我随即开口："来，请大家看大屏幕，这是我们小朋友写的字哟，你们发现了什么？"图片一出示，班里不大不小的说话声便响起了。有的说："最左边的字写得好大，都碰到左边和右边了。"有的说："第二幅图上的字太小了，都看不清楚。"还有的说："最后一幅图上的字歪的，不好看。"……大家畅所欲言着，听完，我便竖起大拇指，夸起了他们——"刚才小朋友们仔细观察了这些字，说出了自己的想法，都说得很到位呢！金老师给你们点赞！"

以上是在我出示完学生写的不规范字后，大家的反应。看——他们都有一双火眼金睛，能一下子找出问题所在。也能将自己想表达的意思说清楚，让大家听明白。这其实就是在思考、动脑筋，这你一言我一语，看似课堂纪律打折扣，实则是思考的交流与智慧的碰撞，是个好现象，学生们是在积极投入课堂学习呢！孩子们的表达能力，在这一来一往的说话训练中得以强化。

二、 启示猜测，提升思维之力

在仔细观察完之后，便要针对这些问题找出原因，说一说产生这些不同的根源所在。课上，我并没有教条式地"满堂讲"为什么会产生这些问题，而是给孩子们充分的时间，四人小组讨论，试着去猜一猜具体原因。这样的"议一议"、"猜一猜"环节，给予学生探究、合作的自主学习机会，为写出"美中不足"的字作者献一计，弥补先前的遗憾，提升学生的思维力。

这些看似不规范的字，其实都真实地发生在他们身上。大家观察完，给出了很多细心观察后的思考，小朋友们看来都向孙悟空借了一双火眼金睛，及时发现了问题，真的好厉害！于是，我乘胜追击，继续考考他们："既然大家发现了问题，那么该怎么把这些字改正过来写才好看呢？"有的说："最左边的字可以写得小一点，像金老师说的写在田字格的中间。""是呀，字要大小适中了才好看。"我给予了他答案的肯定。有的说："第二幅图上的字要写大点，我猜他是低着头写的，如果头抬高了写，字不会这么小的。"这位同学的答案，加入了自己的一些详细猜测。我十分赞赏，回他："嗯，没错。写得太小，这个字的笔画不单我们看不清楚，单独拎出来问你，你可能都说不上来！（老师做埋头写字样子）像这样写字，你的眼睛离得那么近，字肯定要缩小不少，对吧！"还有的说："第三幅图，他的字写得歪，可能是他坐得也歪。"这下，基于刚才那位小朋友的猜测后，大家开始大胆猜了。我越听越满意，忍不住夸一夸他："哇喔，你好棒！都猜出他的写字姿势了，还真的有可能他是歪着脖子或者歪着身子写字的呢！你们看——（老师做歪脖子写字的样子）"此时，班级里笑声一片。

紧接着，越来越多的学生跃跃欲试，大胆地进行自己的猜测，我也给予他们充裕的时间与机会来表达，拓宽他们的思维，锻炼他们的表达能力。孩子们真的很会帮别人找错误，还会猜测造成写这种字的原因，真的太棒了！

简单的原因猜测，其实就是在为这些不规范字的主人找问题所在。从一开始发现字本身的问题，到现在的原因归总，不失为亡羊补牢之举。相信，通过学生们的合理猜测，大家的思维能力也有所提升，会帮助学生写好字。

三、 启导书写，深化理解之力

通过仔细观察，学生们发现了书写问题；经过热烈讨论，学生们找到了问题根源。相信，在一切准备就绪后，学生们会牢记注意点，再经老师的细致指导，大家想必便能化理解为实际行动了，也一定能写对字、写好字。

在经过大胆猜测之后，孩子们都做了一回福尔摩斯，通过简单的观察能大致猜到出现问题的根源，我充分肯定了他们的表现。紧接着，我便带领大家进入了下一轮挑战。大家也欣然同意。由于刚才和大家一起看到的都是写得不规范的字，如果就让这些字摆在那里，真的好可怜！我提议大家一起为它们找到合适的位置，并写下来，给它们安个家！要给它们安家，必须清楚写字时要注意些什么。有的学生说："人要坐正，手放好，脚放平，肩摆正。"这便是写字时的坐姿要求。有的学生继续说："写字时，要做到一尺、一寸、一拳记心里。"这可是我们写字前，千叮咛万嘱咐的三点啊——眼离桌面要一尺，胸离桌子要一拳，手离笔尖要一寸。这样才是做好了写字准备。说罢，我便让学生拿起笔做写字样。

除了写字姿势，还要注意这些字在田字格里的位置。当我提问"还记得金老师跟大家说过要做到什么吗？"时，孩子们举手发言得特别积极。有的说："横要横得平，竖要竖得直，撇要撇出尖，捺要捺出角。"有的说："金老师说过，这个字在田字格里要做到上不碰、下不碰、左不碰、右不碰。"这些小朋友说得太好了！写字前，大家还要注意每个字的关键笔画，这样才能让这个字显得更稳！经过这一系列的指导后，孩子们便开始了正式的写字之旅。

在发现这些平时不易觉察的问题并找到根源之后，那些曾经犯过同样"错"的学生，恍然大悟地意识到了问题所在。经过大家的共同提醒和老师的细致指导之后，学生们对如何书写有了更深的理解，一定能写对字、写好字，进而夯实基础。看着他们课上专注的眼神、投入的表情以及积极举起的小手，真的感受到了他们在享受学习，这便是学习的快乐、课堂的实效所在吧！

斯宾塞说过："在教育中应该尽量鼓励个人发展的过程。应该引导儿童自行进行探讨，自己去推论。给他们讲的应该尽量少些，而引导他们去发现的应该尽量多些。"这让我对教学进行了深刻反思，通过重新整合课程，我深受启发。面对学生平日里的"找茬"现状，只有以退为进，取其"精华"而用之，方能使课堂教学实现有效性。

总而言之，正如英国这位大教育学家所说，我们老师应该转变传授方式，让学生在课堂上多发现、多思考、多探讨。启言教学，便是让学生从"主动思、善于思、有效思"到"乐意说、大胆说、准确说"的教学，拉近了老师与学生间对知识的认同度。我们一年级语文的写字指导课，是对孩子书写基础的一次重要启蒙。进行写字指导课时，若一改以往"师范写——生跟写"的模式，就得把观察与思考的时间"还"给学生，让他们在老师的不断引导下，充分讨论、有效推测，继而发现写字的奇妙与严谨之处。老师不断"启"的教学，可以将学生引向正确"言"的教学上。写字指导课上，师生之间的互动与讨论"你来我往"，推动着思维火花的一次次碰触，其实是在给孩子们发挥的空间，以观带思，让学生在观察、推测和讨论中锻炼思维力，夯实书写基础，丰富学习经历，进而提升自我学习力。启言教学，以火眼金睛之势开篇，启迪观察，培养学生的观察能力，强化其表达力；以一针见血之声深化，启示猜测，锻炼学生的逻辑思考，进而提升思维力；以专心致志之态延续，启导书写，扎实学生的基本素养，深化其理解力。"启言教学"的开展中，无论是观察能力，还是思维能力、理解能力，乃至基本素养，学生都在一步步提升着，学生的学习力也将会得到显著提高。在他们享受学习之时，也就成就了"快乐"课堂。

（撰稿者：金丽微）

创意 6-5

分层教学：满足学生的个性化需求

　　分层教学的主要目的是对学生的因材施教，考虑学生在身体素质、知识水平以及接受能力方面存在的不同差异。因此，教师在进行教学时需要根据学生的具体特点和实际需要制定合适的教学内容来满足学生的个性化需求，从而让学生体验成功的乐趣。

　　分层教学就是教师根据学生现有的知识、能力水平和潜力倾向把学生科学地分成几组与各自水平相近的群体，教师根据不同班组的实际水平进行教学。

　　初中六年级的"山羊分腿腾越"。它对学生的肩带肌肉力量的要求较高，同时也对学生的弹跳能力以及身体协调能力有一定的要求。六年级的学生正处于身心快速发展期，学生之间在身体和心理方面存在着较大的差异，这种差异不止表现在运动能力方面，还表现在心理方面，尤其是男女生之间，男生相对于女生要胆量大，而山羊分腿腾越技术相对复杂，除了对学生的腿部爆发力、柔韧性、上肢力量要求较高外，还要求学生胆大、自信心强。而且，该教材具有一定的危险性与挑战性，因此在教学活动的过程中对教师的场面把控以及对学生的胆量也是一种考验，分层教学能更好地提升学生的个性化需求，完成教学任务。下面我以初中六年级的《山羊分腿腾越》为例，介绍整个教学过程。

一、遇到难题　分层解决

本次课的内容是初中六年级的《山羊分腿腾越》的内容。考虑到六年级的学生正处于身心快速发展期，学生之间在身体和心理方面存在着较大的差异，尤其是男女之间的差异。课上，我为其安排了能力互补的优差分组。在课堂上，学生分组时出现了争议，许多能力强的学生对于降低难度的"山羊"表示不屑。

学生甲："老师，太低了，你也太小瞧我们了吧。"

学生乙："老师，我们要挑战难度大一点的。"

几个个子大的男生都跑来向我"投诉"，这种低难度让他们没有挑战的欲望。可是几个瘦小的女生又是一副副胆怯的样子，希望我能把难度降低一点。这时一个平时比较调皮的学生的一句话让我豁然开朗。"老师这个山羊的高度太高了，你干嘛不让我们自己设置高度啊？"我一想："山羊"的四个腿不是都能调整嘛？干吗不让学生自己试试。

面对学生们不同的需求，我反思了之前备课上存在的不足，每个孩子的能力、体格都有所不同，我们不能要求他们近乎一致地完成所有项目，如果按照他们的自身的能力来学习"山羊分腿腾越"的话，我想效果会更好。这时，我调整了不同能力、不同高度、甚至是不同动作要求的练习小组，让学生们自主选择适合自己的难度进行练习。我分了三种不同的高度，同学们排起了队伍。课堂难题迎刃而解。一部分能力突出的学生开心地在一起练习。而我也适时地鼓励那些能力较低的学生。

"哈哈，我来和你比比看！看我的动作漂不漂亮。""来，试试看这个高度，你没问题的，老师相信你，没多久你也能完成他们一样的动作！"边说我边把高度降低，让那些有困难的学生一试，果然成功了。

学生："哈哈！我成功了！我能行！"我说道："恩！真棒！"

伴随着学生笑脸上欣喜的汗水，学生们也渐渐掌握了本课要达到的教学目标。

二、依据差异　分层备课

世界上没有一个孩子是一模一样的，因此在备课中，我们就要首先考虑到孩子差异性的问题，根据教学内容、教学目标，采用不同的教学形式和教学方法。同一教学目标、教学内容，根据不同学生的接受能力，也要提出不同的教学要求，选择不同的教学方法，选择不同的提问方式，精心设计问题，注意突出教学重点，突破教学难点，注重启发、诱导、循序渐进，逐步提高，做到既要备教材、又要备学生。

一节课上，虽然全班学生都在学习同样的内容，但是，并不是所有学生领会的程度都相同，教师的主观要求也不是所有学生都能达到的。只有适合学情的教学才有好效果。如在《山羊分腿腾越》这一节课中，我根据学生的不同能力，运用分层教学，让能力强的学生展示自己优秀的一面，同时也带动那些稍微逊色的同学向他们努力学习，最后使每个同学都能参与到活动中来。教师应该认识到人和人之间有着不同的差异，人不可能是划一的、标准化的。当学生的个体差异得到充分地保护和发展之后，才能在学习中体验到成功的乐趣、满足自我发展的需要、实现个性化需求。学生在体育课上得到的发展，将为他今后的成长奠定坚实的基础。

三、 课后反思　分层迁移

首先要自主学练、学有所获。学生是认识和学习活动的主体，他们的活动主要源于内部动机，他们的学习是一种"内在的学习"。教学应当为学生的自主学习留下足够的空间和时间。在整个练习过程中，听我口令指挥的集体性练习几乎没有。都是我讲解或示范好动作以后，学生根据自身的领会，在各自的小组中自主学练。我所扮演的是一位"消防员"。发现哪里有问题，上去及时指出并纠正错误。如果发现一些共性的错误，才集中队伍做出讲解示范，同时请做得好的同学也做示范，让学生在自主学习中发现问题、解决问题、完成动作。同时，由于支跳类教材存在一定的危险性，所以在给学生自由空间的同时，我提出了一系列的安全贴士，使学生在安全的环境中学有所获。

其次要积极鼓励、克服畏惧。在此次课中，我们可以看到教师在教学过程中对于学生的积极鼓励、给予学生的心理暗示，是起着举足轻重的作用的。虽然，这个技术动作对于学生来说，危险程度不是最大的，但心理上的障碍却不小。所以，课前做好的保护措施，课中老师和同学的保护、帮助和示范，以及大家的鼓励加油，这些都给学生一个积极的心理暗示，对同学们克服畏惧心理、学会动作起着非常重要的作用。

最后要关注差异、体验成功。由于学生的成长环境、习性、爱好，能力和认知等方面的多样性，产生了个体的差异。我们教师在教学过程中要关注这些差异，使每个学生在原有基础上得到多样化充分发展。分层教学，让每位学生都能够在自己的能力范围内完成正确的动作、体验成功的乐趣，激发每一个学生的学习动力。

（撰稿者：封杰）

后记

　　2017年6月，苏民学校有幸成为上海市嘉定区教育局"聚焦学生学习，提升课堂品质的区域行动"项目重点实验学校。经过嘉定区教育学院及上海市教科院普教所的论证与指导，我校正式开展课堂品质的实践探索，以"课堂教学"为主阵地，推动课堂建设，提升师生在教学互动中的幸福体验，推动学校课堂品质的提升。

　　历经四年的研究探讨，我校构建了"唤智课堂"的理论框架、评价指标及各学科对"唤智课堂"的诠释；我们的评价指标也经历了从1.0版本到3.0版本的升级，并使用了微信端的"小程序"进行课堂观察和评价，借助信息化的新工具，实现兼具学科专业性、开放性、生成性和引导性的新功能，通过日常课堂观察、专题化的教学研讨和基于观察数据基础的专题研究的教研新平台，引领教师在教学实践活动中加强专业切磋、协调合作，达到分享经验、互相学习、共同成长的目标，同时也让我们的教研工作定位更高、定性更深、效力也更加立体。

　　在这一过程中，全校教师积极参与、成果丰硕。2020年10月，我校接受了区重大课题第三方评估，专家们对学校扎实完成项目任务，并以参与项目研究为契机，积极探索更有实效的课堂教学，形成了课堂总体指标体系和五大学科具体指标、课堂观察小程序、多节基于评价指标的校级教学研讨课、多篇依据评价数据的形成的教学案例和课堂教学实录等成果表示充分肯定。评估专家也走进了老师们的课堂，感受到我们的老师能从学生的实际设计教学，使三维教学目标落实得到有效落实，重难点突出，注重营造轻松的学习氛围，注重组织学生合作与分享。课堂教学能主动落实"指标"，学科老师会给学生机会来表达自己的观点，课堂氛围轻松。

学校层面亦开展了"我的教学主张"征文比赛，形成了一批优秀教学设计、教学案例与教学论文。教师结合日常工作、学习和研究经历，描述了自己对"教学主张"的认识、发展、变化和收获的过程，展示了其成长轨迹，本书是嘉定区重点课题《基于"唤醒教育"理念的学校文化图谱建设研究》（JA2111）的研究成果之一，也是我校教师集体智慧的结晶。

在此，感谢嘉定区教育局搭建的学习平台，感谢上海市教科院普教所杨四耕老师的大力指导和嘉定区教育学院的鼎力支持，感谢学校教科研等部门的精心规划和有效推进，感谢曹莹莹、吕龙、肖植桑、刘静、沈嘉杰等老师通过公开教学为课例研究提供了丰富而生动的样本，更要感谢苏民学校全体老师的积极参与和不懈努力。亦借此机会对本书编辑王皓、李丰业、汪玲玲、金婉、蔡媛媛、苏宣玉、陆宇玮等老师的辛苦付出表示由衷的感谢。更要感谢后期在审核等工作中做出努力的金莺、李百勉、龚华、李俊、胡健、陆志刚等老师！希望通过我们的研究促进学校管理从以制度管理为中心向以学术文化建设为中心转型，激发教学管理在研究中向未来升级。

陈丽雅

2021 年 3 月

"品质课程"阅读书目

学校整体课程规划	978-7-5760-0423-6	48.00	2022 年 1 月
推进育人方式变革的区域教学改进研究	978-7-5760-2314-5	56.00	2021 年 12 月
学校整体课程规划的七个关键	978-7-5760-0424-3	62.00	2021 年 3 月
课堂教学的 30 个微技术	978-7-5760-1043-5	52.00	2020 年 12 月
教学诠释学	978-7-5760-0394-9	42.00	2020 年 9 月
原点教学：提升区域育人质量的策略研究	978-7-5760-0212-6	56.00	2020 年 8 月

📖 品质课程聚焦丛书

自组织课程：语文学科课程群新视角	978-7-5760-1796-0	48.00	2021 年 12 月
数学作为学习共同体：一种新的数学课程观	978-7-5760-1746-5	52.00	2021 年 12 月
学科育人的整体课程范式	978-7-5760-2290-2	46.00	2021 年 12 月
聚焦育人质量的学科课程设计	978-7-5760-2288-9	42.00	2021 年 11 月
活跃的学习图景：学校课程深度实施	978-7-5760-2287-2	48.00	2021 年 11 月
学科文化：英语学科课程新视角	978-7-5760-2289-6	48.00	2021 年 12 月
课程联结：学科课程群设计方法	978-7-5760-2285-8	44.00	2021 年 12 月
数学学科课程决策：专业视角	978-7-5760-2286-5	40.00	2021 年 12 月
特色项目课程：体育特色课程的校本建构	978-7-5760-2316-9	36.00	2021 年 12 月
进阶式探究课程设计：学科整合视角	978-7-5760-2315-2	38.00	2021 年 12 月

📖 学校课程发展精品丛书

学科课程群与全经验学习	978-7-5760-0583-7	48.00	2021 年 1 月
育人目标与课程逻辑	978-7-5760-0640-7	52.00	2021 年 2 月
学科课程与深度学习	978-7-5760-0505-9	52.00	2021 年 2 月
学校课程的文化表情：百花园课程的学科指向与深度实施			
	978-7-5760-0677-3	38.00	2021 年 2 月
学校文化与课程变革	978-7-5760-0544-8	62.00	2021 年 2 月
语文天生重要：语文学科课程群设计	978-7-5760-0655-1	44.00	2021 年 2 月
五育并举的课程体系：致良知课程的旨趣与探索			
	978-7-5760-0692-6	48.00	2021 年 1 月

学科课程与育人质量	978-7-5760-0654-4	48.00	2021 年 1 月
在地文化与课程图谱	978-7-5760-0718-3	46.00	2021 年 2 月
中观课程设计与学科课程发展	978-7-5760-0624-7	36.00	2021 年 1 月
大教学：英语学科核心素养培育的课程模式	978-7-5760-0462-5	46.00	2021 年 1 月

特色学校聚焦丛书

儿童是天生的探索者：360° 科学启蒙教育	978-7-5675-9273-5	36.00	2020 年 2 月
做精神灿烂的教师：教师自我成长的 5 个密码	978-7-5760-0367-3	34.00	2020 年 7 月
让教育温暖而芬芳	978-7-5760-0537-0	36.00	2020 年 9 月
快乐教育与内涵生长	978-7-5760-0517-2	46.00	2020 年 12 月
故事教育与儿童发展	978-7-5760-0671-1	39.00	2021 年 1 月
美好教育：学校内涵发展的循证研究	978-7-5760-0866-1	34.00	2021 年 3 月
把美好种进儿童心田	978-7-5760-0535-6	36.00	2021 年 3 月
倾听生命的天籁："天籁教育"的实践与探索	978-7-5760-1433-4	38.00	2021 年 9 月
为了每一个孩子的美好心愿	978-7-5760-1734-2	50.00	2021 年 9 月
向着优秀生长："模范教育"的理念与实践	978-7-5760-1827-1	36.00	2021 年 11 月
让个性自然发荣滋长："引发教育"的理论寻源与实践探索			
	978-7-5760-2600-9	38.00	2022 年 3 月

跨学科课程丛书

大情境课程：主题设计与创意评价	978-7-5760-0210-2	44.00	2020 年 5 月
社会参与素养的培育模型与干预机制	978-7-5760-0211-9	36.00	2020 年 5 月
大概念课程：幼儿园特色主题活动设计	978-7-5760-0656-8	52.00	2020 年 8 月
项目学习：进入学科的课程智慧	978-7-5760-0578-3	38.00	2021 年 4 月
STEAM 课程的设计与实施	978-7-5760-1747-2	52.00	2021 年 10 月
幼儿个性化运动课程	978-7-5760-1825-7	56.00	2021 年 11 月
幼儿园特色课程的框架与实施	978-7-5760-2598-9	48.00	2022 年 3 月

核心素养导向的课堂教学丛书

转识成智的课堂教学：核心素养导向的历史教学			
	978-7-5760-0164-8	40.00	2020 年 5 月

学导式教学：学会学习的教学范式	978-7-5760-0278-2	42.00	2020 年 7 月
高阶思维教学的关键技术	978-7-5760-0526-4	42.00	2021 年 1 月
会呼吸的语文课：有氧语文的旨趣与实践	978-7-5760-1312-2	42.00	2021 年 5 月
高阶思维教学的核心指向	978-7-5760-1518-8	38.00	2021 年 7 月
磁性课堂：劳动技术课就这样上	978-7-5760-1528-7	42.00	2021 年 7 月
核心素养导向的作业设计	978-7-5760-1609-3	40.00	2021 年 8 月
语文，让精神更明亮	978-7-5760-1510-2	42.00	2021 年 9 月
"六会"教学法：基于核心素养的课堂教学	978-7-5760-1522-5	42.00	2021 年 9 月

特色课程建设丛书

教师，生长的课程	978-7-5760-0609-4	34.00	2020 年 12 月
学校课程发展的实践范式	978-7-5760-0717-6	46.00	2020 年 12 月
丰富学习经历：如歌式课程的愿景与深度	978-7-5760-0785-5	42.00	2020 年 12 月
学科课程群设计方法	978-7-5760-0579-0	44.00	2021 年 3 月
学校美育课程的立体建构：菁华园课程的逻辑与框架	978-7-5760-0610-0	36.00	2021 年 3 月
关键学习素养与学科课程设计	978-7-5760-1208-8	34.00	2021 年 4 月
学校课程设计：愿景建构与深度实施	978-7-5760-1429-7	52.00	2021 年 4 月
生长性课程：看见儿童生长的力量	978-7-5760-1430-3	52.00	2021 年 4 月
"慧阅读"课程：儿童视角	978-7-5760-1608-6	42.00	2021 年 6 月
诗意栖居的课程愿景：智慧岛课程的逻辑与深度	978-7-5760-1431-0	44.00	2021 年 7 月
每一个孩子都是最重要的人：V–I–P 课程的内在意蕴与学科视角	978-7-5760-1826-4	54.00	2021 年 8 月
给每一个孩子带得走的能力：并养式课程的旨趣与探索	978-7-5760-1813-4	42.00	2021 年 10 月
指向核心素养的课程统整框架：I AM BEST 课程的学科之维	978-7-5760-1679-6	48.00	2021 年 11 月